이미지란
무엇인가

이솔

민음사

이미지 철학 탐구

이미지란 무엇인가

■ 인터넷이 등장한 이래로 사람들이 '가상'에 현혹되어
'진짜 삶'을 잃어버렸다는 호통 소리가 반복된다.
그런데 우리가 하루 종일 머무르는 온라인이 아니라면,
진짜 삶이란 도대체 어디에 있단 말인가? 이제 우리는
가상과 실재라는 이분법을 다시 질문해야 하는 게 아닐까?
이 책은 콘텐츠 시대에 대한 고루한 진단을 새로운 질문으로
바꾼다. 철학자들의 이미지 이론을 성실하게 들여다보면서
오래된 편견을 논파한다. 이제 이미지는 누명을 벗고
춤추며 생동한다. 생각하는 끈기를 가지고 지적 탐구를
따라가 보자. 고립된 자아의 모서리가 마모된 자신을
발견할 수 있을 것이다.
— 김지효(『인생샷 뒤의 여자들』 저자)

■ 이미지를 통해 내가 아닌 타자를 만날 수 있고
될 수 있다고 말하는 이 책의 타자는 우선 독자일 것이다.
논문과 같은 제한된 시공간 바깥에서 철학의 언어는
타자화되기 때문이다. 그런데 '철학자' 옆에 '스마트폰
중독자'의 이름을 나란히 놓는 이 책은 디지털 환경 속에서
산만해진 정신을 기꺼이 '우리'라고 부른다. 그래서 나는
정교한 철학서를 산만하게 읽어 보았고, 이러한 독서 행위가
이미 책이 열어 준 상상력임을 알게 되었다.
— 이여로(『시급하지만 인기는 없는 문제: 예술·언어·이론』 저자)

왜
이미지인가

왜 이미지인가? 사르트르의 이미지 이론을 주제로 석사 논문을 쓴 2013년 이후 줄곧 뒤를 따라다니던 물음이다. 이미지를 연구 주제로 선택하게 된 데에 거창한 목적이 있었던 것은 아니다. 그저 실재가 닿을 수 없이 요원했고, 발 딛고 있는 곳에 이미지들이 있었을 뿐이다.

알고 싶은 것은 본질이었다. 그러나 사물을 주의 깊게 들여다볼수록 핵심이 드러나기는커녕 윤곽조차 흐릿해졌다. '실제로 그러한 것'과 '그렇게 보이는 것'의 차이는 모호하기 짝이 없었다. 사물뿐일까? 자신 역시 마찬가지였다. 머릿속을 떠도는 것은 몰개성적이며 무차별적인 생각들이었다. 머리에서 머리로 옮아가며 일순간 강렬해지고 또 어느 순간 잊혀 사라지곤 하는 무수한 이야기들. 뜬소문에 불과한지 모를 관념들에 사로잡혀 나의 의견인지 아닌지, 나의 욕망인지 아닌지도 모른 채 모방할 뿐이었다. 사물들의 윤곽이 흐릿하듯 나와 타자의 구분 역시 모호했다. 어쩌면 나와 나 아닌 것을 구분 짓는 세포막조차 없기에 관념의 측면에서 개체의 윤곽은 더욱 희미한지도 모르겠다. 정신의 극장을 떠도는 것은 어떤 점에서도 나에게 고유하다고 할 수 없는 관념들, 이를테면 내가 겪은 적 없는 사건에 대한 분노, 단 한 번 만나 본 적도 없는 인물에 관한 연민 같은 것들이었다. 나의 것이 아닌 타인의 경험들이 일순간 내부로 치닫고 들어와 나의 사유가 되고 감정이 되었다.

그러니 비판해야 할 것은 손쉽게 사태를 주관화하는 종래의 관점이다. 인간의 모든 행동은 이기적 본성에서 추동된 것이며, 그것이 아무리 이타적 외양을 띨지라도 결국 모든 헌신은 자기애에 불과한 것이라 말하는 관점 말이다. 그런데 모든 행동과 선택의 중심으로 가정된 이 내면적 자아는 대체 무엇인가? 실은 모호하기 짝이 없는 내면이라는 관념에 너무 오랫동안 붙들려 있었던 것은 아닐까?

상상의 시원

본질은 오히려 인간이 세계를 떠도는 이미지들을 만나며 그에 사로잡힌다는 사실로부터 설명되어야 한다. 아주 오랜 옛날부터 아이들은 할머니 할아버지의 품에서 사실인지 아닌지 알 수 없는 옛날이야기를 들으며 잠들었다. 귓가를 맴도는 것은 할머니의 할머니 격인 누군가의 경험담이었고, 먼 이국에서 전해진 풍문이거나 허구의 우화이기도 했다. 누군지도 모를 아무개의 이야기에 빠져들어 마치 자신의 이야기라도 되는 양 웃음을 터뜨리고 눈물을 흘리는 가운데 아이들은 자라난다. 나 자신의 것이 아닌 슬픔을 모방하여 울음을 터뜨릴 때, 타자와의 거리는 사라지고 이미지와 실재는 교착한다.

상상의 시원이자 친숙한 형태는 이런 경험들이 아닐까? 상상이란 지금의 나에게서 벗어나는 일이다. 나의 것이 아닌 역사 속에 나를 위치시키고 나의 것이 아닌 생각과 감정을 모방함으로써 타자가 되는 일이다. 그 낮고 다정한 목소리를 들으며 눈을 감으면 베갯잇에 밴 나프탈렌 냄새는 어느새 매캐한 포탄 냄새가 되고, 천장에 어른거리는 나무 그림자는 소속 모를 군인이 겨눈 총부리였다가, 피란길 할머니의 치맛자락을 붙든 이름 모를 어린아이의 가엾은 손이었다가……. 이야기와 함께 잠든 무수한 밤, 나는 전후의 척박한 현실을 살아간 나의 할머니이며 예기치 못한 재난에 몸서리쳤던 이름 모를 이웃이었다.

이미지의 시대

귓가를 맴도는 이야기 속에서 잠들고 꿈을 통해 타인의 삶을 살곤 했던 유년의 밤. 나와 타자가 뒤섞였던 그 혼곤한 밤들이 다 지나가 버린 것은 아니다. 그 시간은 매일의 일상에서, 이를테면 권태와 피로가 뒤범벅된 퇴근길 지하철과 잠 오지 않는 늦은 새벽의 침대에서 반복되고 있다. 그러니 나는 계속되는 밤 속에, 여전한 밤 속에 있다. 작은 손으로 마주 잡았던 커다랗고 주름진 손마디 대신 매끈한 액정을 쓸어내리며, 무얼 찾는지도 모른 채 여전히 무언가를 찾는다.

이미지의 시대이다. 집, 학교, 사무실, 식당과 카페, 길거리에서, 도처에서 사람들은 제각기 스마트폰을 들여다본다. 하루 중 디지털 기기를 사용하는 시간인 스크린 타임은 이미 스크린 밖을 응시하는 시간을 앞지르지 않았을까? 더군다나 이미지는 사물들 사이 곳곳에 뒤섞여 있어 스크린에서 무엇이 실재이며 무엇이 이미지인지 분간하는 것조차 어려울 지경이다. 이러한 현실을 우려하는 이들은 현대인이 진정성이 결여된 가상에 현혹되어 점차 현실 감각을 잃어버리고 있다고 경고한다. 동굴 속 죄수들처럼 누가 만들고 배치했는지 모르는 가상의 이미지들에 사로잡혀 단지 소비만 할 뿐이라고. 새로운 미디어에 둘러싸인 사용자들은 언제든 원한다면 새로운 무언가를 찾을 수 있을 것이라고 생각하지만, 그것은 철저히 제한된 자유이다. 대개 새로운 콘텐츠를 접하는 것은 알고리즘의 인도에 의해서이며, 이렇게 추천되는 것들은 결국 과거 선택의 반영일 뿐이라 좀처럼 '뉴스'가 전해지지 않는다. 역사상 그 어느 때보다도 소통과 교류가 편리해진 오늘날 사람들은 도리어 방안에 틀어박힌 채 유아론적 세계에 빠져들고 있다. 이렇게 공동체로부터 소외되고 현실로부터 고립된 이들은 은둔형 외톨이(혹은 인터넷 폐인, 루저, 한심한 현실 부적응자……)라 불린다.

그러나 온라인 공간과 이 공간 속 존재자인 디지털 대상들을 성급히 '가상'이라 규정할 수는 없다.

PDF 파일은 물질적 인쇄물의 가상적 복사본이 아니다. 물론 이들은 물질적 기반을 가지지 않고, 전원을 내리는 순간 흔적도 없이 사라져 버린다. 그럼에도 디지털 이미지들로 축조된 온라인 세계는 구체적으로, 실제적으로 삶에 영향을 미치며 작동하고 있다. 대상이 절대적 가치를 가지기에 관심이 뒤따르는 것이 아니다. 오히려 대상의 가치를 결정하는 것은 조회수와 '좋아요' 수이다. 현실의 외연은 무게와 부피를 가진 사물에 제한되지 않는다. 흔히 현실과 가상의 관계가 원본과 모사본의 관계와 같다고 생각한다. 그러나 실재와 이미지가 서로 모방하고 영향을 주고받는 지금, 무엇이 무엇을 베꼈는지 알 수 없게 된 한에서 디지털 이미지는 가상이 아니라 실재의 또 다른 유형이다. 오늘날 대상은 사전적 정의를 통해서가 아니라 그것을 왜곡시키고 굴절시키는 이미지들을 통해서만 주어질 수 있다. 이렇게 보자면 이미지는 대상이 외화되고 현현되는 방식을 일컫는 이름일 것이다.

사건은 미디어가 그 사건을 다루는 방식을 통해서만 정체성을 가진다. 내가 보는 것에는 늘 타자의 응시가 선행한다. 순수한 객관성도 순수한 주관성도 모두 허구에 지나지 않는다. 그러니 굳이 주관을 벗어난 '바깥'을 희구할 필요가 있을까? 그러한 기도는 해로울 정도로 보수적이다. 폐기되어야 하는 것은 이미지라는 가상이 아니라, 이미지 배후에 거대하고 공고한 실재가 있을 것이라는 환상이다. 내가 이미 엉망진창으로 뒤섞여 있다면, 순수한 주관성이란 존재하지 않으며, 애초에 가능하지도 않은 것이라면……

내면성의 신화를 넘어서

박사 논문을 쓰며 내가 파고들었던 두 명의 사상가 사르트르와 들뢰즈 역시 내면성의 신화를 넘어서는 일에 몰두했다. 두 철학 사이에는 좁힐 수 없는 거리가 있음에도, 사르트르와 들뢰즈는 모두 고정된 항으로 간주되었던 전통 철학의 주체 관념을 비판하며 주체를 일종의 과정이자 운동으로 이해한다. 들뢰즈가 사르트르의 철학에 대해 경의를 표했던 것은 사르트르가 자신보다 앞서 내면성의 관념을 폐기했으며, 이를 통해 주체의 변화와 자유의 가능성을 남겨 두었기 때문이다.

1939년 사르트르는 다음처럼 썼다.

모든 것들은, 심지어 우리 자신마저도 결국 바깥에 있다. …… 우리는 길거리에서, 시내에서, 군중들의 한가운데에서 사물들 속의 한 사물로, 사람들 속의 한 사람으로 우리 자신을 발견한다.[1]

주체를 움직이는 것으로 이해할 때 안과 밖의 구분은 무너져 내린다. 타자와 나는 뒤섞여 있고, 나는 그렇게 뒤섞이는 가운데 형성된다. 20세기의 위대한 두 철학자에게 주체란 무언가 혹은 어딘가로 향하는 과정 중에 있는 과도기적 형식이다.

이 책은 이미지에 관하여 탐구하면서 내면적 자아라는 판타지가 얼마나 견고한 동시에 얼마나 연약한 것인지를 살펴볼 것이다. 그러나 내면성을 비판한다는 것이 곧 주체 없는 실재를 논한다는 것은 아니다. 문제가 되는 것은 실재와 이미지 사이의 균열이다. 세계 그 자체와 우리에게 주어지는 바의 세계 사이의 균열. 최근 활발히 활동하는 사변적 실재론이 보여 주듯 '거대한 외부(Grand Dehors)', 곧 주체에게 상대적이지 않은 세계 그 자체를 논하려

1   Jean-Paul Sartre, "Une idée fondamentale de la phénoméno-logie de Husserl: l'intentionalité", *Situation, I*, Paris: Gallimard, 1947, p. 32.

는 시도는 오히려 이미지 배후의 실재라는 낡은 독단을 답습하는 것처럼 보인다. 내면성의 신화만큼이나 경계해야 하는 것은 일찍이 니체가 지적한 '배후세계(Hinterwelt)의 착각'이다. 우리에게 주어진 것 이외의 혹은 이상의 실재가 있으리라는 믿음은 정당화된 것이 아니라 그저 선언된 것일 뿐이다.

나는 사르트르와 들뢰즈의 이미지 이론이 내면성의 신화와 배후세계의 착각에 치우치는 것을 모두 경계하는 가운데 실재에 관한 새로운 관점을 제시한다고 생각한다. 실재는 타자와 더불어 형성된다. 실재는 주관과 동떨어져 있지 않으며 주관을 경유하여 성립한다. 이 주관은 결코 고립된 것이 아니다. 우리는 유아론에 빠진 진공관 같은 머리들이 아니다.

이 시대의 아이들은 할머니 할아버지의 목소리가 아니라 형형색색의 영상을 보며 자라난다. 어른들은 컴퓨터와 스마트폰에 몰입하는 아이들에게 습관적으로 우려 섞인 질책을 건네며, 영상을 끄고 책을 읽어야 한다고 가르친다. 그런데 이러한 질책의 이면에는 사변적 형태의 개념적 사유가 완전한 지식이라고 여기고, 이미지를 열등한 것이라 간주하는 선입견이 있다. 나날이 증대하는 이미지의 영향력에 눈감고 이미지에 대해 편향된 시각을 고수하는 것은 명백히 부당하다. 활자 기호에 의존하는 순수 사유의 특권이 흔들리기 시작한 이상 우리는 이미지에 관해 다시 사유해야 한다.

이미지의 철학 탐구

이 책은 서양의 전통 형이상학이 견지해 온 이미지 관념을 비판적으로 검토한다. 전통 철학은 이미지를 실재에 관한 참된 인식을 가로막는 가상으로 간주한다. 1부에서는 먼저 데카르트와 흄의 철학을 통해 이미지가 가상이라는 생각이 어떻게 떠올랐으며 그 의미가 무엇인지를 확인하며, 이러한 관념이 고대 플라톤주의로부터 유래한 것임을 밝힌다.

　2부와 3부에서는 장폴 사르트르와 질 들뢰즈의 철학을 통해 이미지를 보는 새로운 관점을 전개할 것이다. 사르트르와 들뢰즈는 서로 전혀 다른 철학적 입장을 가지고 있지만, 전통 철학의 이미지 관념을 비판하며 현대의 상황에서 이미지를 새롭게 규정한다는 점에서 공통점을 갖는다. 들뢰즈에게 이미지는 그 무엇에 관한 모방이 아니라 '실재를 구성하는 블록'이며, 사르트르에게 이미지는 불완전하거나 거짓된 것이 아니라 '우리가 세계를 바라보는 근본적인 방식'이다. 끝으로 나는 말 그대로 이미지가 범람하는 지금의 매체적 현실을 이해하기 위한 새로운 관점을 제시하고자 한다.

철학이란 물음을 던지는 일이다. 우리가 당연하게 받아들이는 것에 관하여 문제를 제기하기에, 철학의 물음은 때로 낯설고 때로는 광인의 말처럼 느껴지기까지 하는 기이함을 띠는지도 모른다. 그러나 철학이 우리의 삶을 송두리째 흔들 역량을 가지는 것은 이렇듯 철학의 사유가 당연한 것들로부터 벗어나 있기 때문이다. 철학책 읽기란 창을 열고 '한 줌의 바람'을 맞이하는 일이다. 그러니 만일 당신이 매일의 삶 속에서 해소할 길 모를 갑갑함을 느끼고 있다면, 당신에게 필요한 것은 이 한 줌의 바람인지도 모른다.

쓰는 것은 어려운 일이다. 적어도 내겐 그렇다. 특히나 이 작은 책 한 권을 쓰면서 박사 논문을 쓸 때보다도 더 힘에 부쳤다. 이래도 좋고 저래도 좋은 속 편한 이야기가 아니라 우리가 발 딛고 있는 지금 여기의 현실에 관해 이야기하고 싶었기 때문이다. 나는 이미지에 관한 5년간의 탐구를 마친 연구자이자 스마트폰 중독자로서 이 책을 썼다. 자야 할 때를 넘긴 늦은 밤, 불면을 자처하고 채널을 돌리고 또 돌리는 정신이 산만한 시험관들에게 이 책을 바친다. 마지막으로 늘 학문적 이정표가 되어 주시는 서동욱 교수님에게, 끊임없이 내게 '목소리를 내라'고 격려해 준 신새벽 편집자에게, 그리고 이 원고의 첫 독자가 되어 준 고도현과 정의현에게 감사의 말을 전한다.

차례

일러두기

1   본문에서 인용은 번역본을 따랐으며, 필요한 경우에는
    원문에 따라 수정했다. 모든 인용문 내의 굵은 글씨는 인용자의
    강조이다. 원저자의 강조는 작은따옴표로 표기했다.
2   외래어 표기는 국립국어원의 외래어 표기법을 따랐으며 일부 관례로
    굳어진 것은 예외로 두었다.
3   단행본은 『 』로, 논문, 기사, 영화 등 개별 작품은 「 」로, 잡지 등
    연속간행물은 《 》로 표시했다.

1부 이미지에 대한 불안들

"당신의 삶이 계속되는 꿈이 아님을
어떻게 확신할 수 있는가?"
— 르네 데카르트, 「자연의 빛에 의한 진리 탐구」

당신이 바라보고 있는 것은 무엇인가?

　　당신은 지금 흰 종이 위의 검은 활자들을 바라
보고 있다. 혹은 잠시 눈길을 돌려 이 종이 바깥에
놓인 다른 사물들, 종이 위에 놓인 자신의 손이나
책상 위에 놓인 펜을 바라보았는지도 모른다. 그러
나 당신의 시선이 머무른 그 대상이 실제로 무엇인
지는 중요하지 않다. 아니, 정확히 말하자면 당신은
그 대상이 실제로 무엇인지를 결코 알 수 없을 것
이다. 당신이 바라본 것이 무엇이든 그것들은 모두
'이미지'일 뿐이기 때문이다.

　　지금 당신은 정말로 책을 바라보고 있는가? 엄
밀히 말해 당신이 마주하고 있는 것은 '책'이 아닌
'책의 이미지'가 아닌가? 물론 지금 당신은 분명히

흰 바탕 위 검은 글자들을 응시하고 있다. 그러나 그것은 종이 자체가 아니라 그 종이가 당신에게 주어지는 하나의 방식에 지나지 않는다.

당신이 응시하고 있는 이 종이는 실제로 흰색인가? 지금 당신에게 흰색으로 보이는 이 종이의 색은 백열등 아래에서는 노란색으로, 또 불빛 한 점 없는 어두운 밤에는 활자와 구분되지 않는 검은색으로 나타나지 않는가? 그러니 정확히 하자면 이 종이가 하얀색인 것이 아니라, 당신이 지금 이 종이를 '하얗게' 보고 있다고 말해야 한다. '흰색'은 종이가 가진 속성이 아니라, 당신이 그것을 바라보는 방식에 대한 표현이다.

실재(reality)가 무엇인지는 알 수 없다. 우리가 알 수 있는 것은 단지 그 실재가 우리에게 주어지는 양상일 뿐이다. 오랜 시간 철학자들이 '우리가 마주하는 것은 실재가 아니라 그 실재의 이미지에 지나지 않는다'고 말해 왔던 것은 이와 같은 이유에서이다. 그렇다면 이미지란 무엇인가? 철학자들에 의하면 이미지란 당신이 바라보는 바로 그 상(像)이다. 그것은 당신의 시선에 의해 포착된 세계의 한 단면이다.

당신의 시선이 종이 위의 활자들을 향하고 있

는 지금 이 순간, 당신에게는 흰 바탕 위 검은 글자들이 일정한 간격을 가지고 흩어진 하나의 그림이 주어진다. 시선을 옮겨 당신이 책상 위에 놓인 연필이나 그것 너머의 창문 따위를 바라볼 때에는 바로 그 사물들이 또 다른 그림으로 당신에게 주어진다.

이미지란 당신의 눈을 통해 포착한 세계의 모습이다. 그것은 지금 여기의 순간을 담아낸 한 장의 사진과 같은 것이다. 사람들이 무언가를 그리거나 사진을 찍는 것은 어떤 특별한 순간 혹은 그 순간 속의 대상을 찰나의 모습 그대로 보존하고자 하는 욕망과 무관하지 않다. 우리는 끊임없이 변화하고 덧없이 사라지는 것들을 물질적인 형태로 응결시킴으로써 붙들어 두려는 욕망을 가지며, 그러한 욕망은 대상을 생생하게 묘사한 그림, 사진, 영상과 같은 이미지의 형태로 가시화된다.

그러나 이미지는 실재하는 대상을 인위적으로 재현해 낸 그림이나 사진과 같은 산물에 제한되는 표현이 아니다. 이미지는 그보다 훨씬 더 넓은 외연을 가진다. 물론 한 장의 그림 혹은 사진은 이미지이다. 그러나 그것이 이미지로 규정되는 것은 실재하는 대상을 모방하기 때문이 아니다. 예컨대 무언가를 표상하겠다는 어떤 의도도 없이 우연히 흐른

물감 자국만이 있더라도 그것은 역시 이미지라는 이름으로 불릴 것이다. 그뿐일까? 지금 당신이 응시하고 있는 이 흰 종이 위의 검은 얼룩들, 그리고 이 책 옆에 놓여 있는 사물들 역시 이미지로 규정된다. 문자 그대로 우리가 바라보는 모든 것은 이미지이다.

이렇게 우리가 실재가 아닌 이미지만을 마주하고 있다고 말하는 철학자들은 오랫동안 우리가 살아가는 세계를 '이미지의 세계'로 규정해 왔다. 그들에 의하면 우리가 대면하는 것은 실재가 아니다. 우리는 실재를 모사한 이미지만을 마주하고 있으며, 우리의 삶은 온통 이미지에 둘러싸여 있다. 말하자면 우리가 태어나 자라며 보는 모든 것들은 일종의 가상(假象)인 것이다. 그리고 이로부터 싹트게 된 것은 원형에 대한 욕망이다.

우리가 마주하는 모든 것이 실재를 모방한 이미지이기에 우리는 그러한 이미지를 배태한 원본인 실재를 갈망하게 된다. 마치 실재인 양 우리를 기만하는 이 거짓된 모사물들로부터 벗어나 진정한 실재와 만날 수 있는 참된 세계로 회귀하고자 하는 바람. 기억나지 않는, 한 번도 경험한 적 없는 원천으로 되돌아가고자 하는 이 불가해한 욕망은 아주 오래전부터 인류의 행동을 설명해 온 결핍의 서사에서 핵심을 이룬다.

그런데 왜 우리가 대면하는 것이 실재가 아닌 이미지라 이해되어야 하는가? 왜 우리가 경험하는 이미지의 세계와 구분되는 참된 실재의 세계가 있다고 가정해야 하는가? 이 책은 바로 이와 같은 문제를 제기한다. 그리고 이 문제들의 답을 찾는 여정에서 우리를 인도해 줄 물음은 간결한 것이다.

이미지란 무엇인가?

1장

데카르트의
꿈

이미지란 무엇인가? 이 물음에 관한 중요한 한 가지 답변은 데카르트(René Descartes, 1596~1650)에게서 찾아볼 수 있다. 그러니 데카르트의 성찰과 함께 논의를 시작해 보자.

데카르트의 철학은 모든 오류와 불확실성으로부터 벗어난 명석 판명한 지식에 대한 열망에서 시작한다. 그것을 토대로 다른 모든 학문이 정초될 수 있는 단 하나의 확고부동한 앎. 모든 다른 지식의 바탕이 될 이 최초의 지식에 도달하기 위해 데카르트는 기존의 모든 지식을 의심했다. 어떤 선입견에도 의존하지 않고 그 자신이 가지고 있던 모든 지식을 전복시키는 철저한 회의를 통해 데카르트는 참된 앎을 구할 수 있을 것이라 믿었다.

우리의 초점은 데카르트적 성찰을 이끄는 방법인 '의심'이다. 데카르트는 참된 지식을 얻기 위한 방법으로 의심을 선택한다. 그런데 왜 의심인가? 「제1성찰」을 시작하는 첫 문장에서 데카르트는 다음과 같이 말한다.

유년기에 내가 얼마나 많이 거짓된 것을 참된 것으로 간주했는지, 또 이것 위에 세워진 것이 모두 얼마나 의심스러운 것인지, 그래서 학문에 있어 확고하고 불변하는 것을 세우려 한다면 일생에 한 번은 이 모든 것을 철저히 전복시켜 '최초의 토대에서부터 다시 새로 시작해야 한다'는 것을 이미 몇 해 전에 깨달은 바 있다.[1]

데카르트는 기존에 자신이 의존하고 있었던 모든 선입견으로부터 벗어나 아무런 전제도 없는 상태에서 탐구를 시작하려 했다. 이를 위해 그 자신이 가지고 있던 모든 의견들을 철저히 전복시키는 의심의 방법을 선택했다.

1   르네 데카르트, 이현복 옮김, 『성찰·자연의 빛에 의한 진리탐구·프로그램에 대한 주석』(문예출판사, 2013), 34쪽. 이하 『성찰』로 표기.

그 어떤 선행된 지식에도 의존하지 않은 최초의 확고부동한 지식을 찾으려는 시도가 성공하기 위해서는, 당연하게도 그러한 지식을 찾는 방법인 의심 역시 정당화되지 않은 전제에 기초한 것이어서는 안 된다. 그런데 사실 데카르트의 의심은 결코 정당화될 수 없는 오래된 선입견에 바탕을 두고 있다. 이 선입견이 바로 이미지와 관련된다.

오류란 무엇인가

먼저 데카르트가 그토록 철저한 의심을 통해 피하고자 했던 '오류'가 무엇이었는지를 이해해야 한다. 오류란 무엇인가? 우리는 왜 참된 인식을 이루지 못하고 거짓된 앎에 사로잡히는가?

『정신지도를 위한 규칙들』의 규칙 2에서 데카르트는 산술과 기하학만이 확실하고 의심할 수 없는 인식을 추구하는 학문이라 말한다. 우리가 오류에 빠지게 되는 이유는 다음과 같다.

우리가 사물에 대한 인식에 도달하는 데는 두 가지 방식, 즉 경험과 연역이 있다. 나아가 **사물에 대한 경험은 종종 오류에 빠질 수 있는 반면에**, 연역, 즉

어떤 하나를 다른 하나에서 끌어내는 순수한 추리
는, 주의하지 않을 경우에 가끔 빠트릴 수는 있지만,
오성에 의해 혹은 이성적으로 이루어지기 때문에
잘못될 수 없다.[2]

산술과 기하학이 불확실성의 위험에서 벗어나
있는 까닭은 오직 이 두 학문만이 경험에 의존하지
않고 순수하게 연역을 통해 인식을 이루기 때문이
다. 연역에서는 원칙적으로 오류가 발생하지 않는
다. 오류는 연역이 아닌 경험에서만 발견된다.

흥미로운 것은 이처럼 오류가 경험과 관련되
는데도, 엄밀히 말해 경험 그 자체는 오류의 원인이
아니라는 점이다. 『정신지도를 위한 규칙들』의 규
칙 12를 보자.

주목해야 하는 것은 …… 감각이 사물의 참된 모습
을 제공하고 있다고, 혹은 외적 사물은 언제나 나타
나는 대로 있다고 오성이 판단하지만 않는다면, 오
성은 경험에 의해 결코 기만당하지 않는다는 사실

---

2   르네 데카르트, 이현복 옮김, 『정신지도를 위한 규칙들·방법서
     설』(문예출판사, 1997), 21~22쪽. 이하 『정신지도를 위한 규칙
     들』로 표기.

이다. 왜냐하면 **우리는 이런 판단을 내릴 때에 오류에 빠지기 때문이다.**(『정신지도를 위한 규칙들』, 90)

경험을 통한 인식이 오류에 빠지는 이유는 주어진 경험에 관해 섣불리 '판단'하기 때문이다. 문제는 주어진 경험이 사실이라고 의심 없이 믿는 것이다. 예를 들어 물잔에 들어 있는 막대기가 구부러져 보이는 것 자체는 문제가 아니다. 오류는 그러한 시각적 경험을 그대로 받아들여서 '저 막대기는 구부러져 있다'고 판단할 때 성립한다. 오류란 주관의 경험 자체가 아니라, 주관의 경험과 객관적 실재가 잘못 짝지어질 때 발생하는 것이다.

경험을 통해 주관에 주어진 상이 실재를 정당하게 반영한 것이라 보장할 수 없다. 밤하늘에 뜬 달은 높이 솟은 고층 건물보다 작은 것처럼 보이고, 빠른 속도로 달리는 차 안에서 바라본 풍경은 거꾸로 움직이는 것처럼 보인다. 그리고 이렇듯 우리의 경험이 종종 오류를 저지른다는 사실에 따르면, 원리상 경험은 '항상' 오류를 저지를 수 있다.

의심에 의심을 거듭하는 가운데 피하고자 했던 오류의 문제로부터 데카르트가 암묵적으로 전제하는 선입견이 드러난다. 그것은 곧 '경험하는 것이란 실재와 유리된 이미지들'일 뿐이라는 사고방식이다. 우리가 마주하는 것은 오로지 실재의 불완전한 모사물인 이미지들이며, 우리는 결코 실재 그 자체를 마주하고 있지 않다. 이와 같은 세계상을 가지고 있었기에 데카르트는 그 자신에게 주어진 표상이 거짓된 것일지도 모른다는 우려에서 벗어날 수 없었던 것이다. 이미지가 원리상 오류 가능성을 가지는 한, 경험으로 받아들인 것이 한낱 가상에 지나지 않을지 모른다는 불안은 필연적으로 뒤따른다.

데카르트의 의심은 곧 자신에게 주어진 이미지가 실재를 올바르게 재현하는 것이 아닐지도 모른다는 불안에서 비롯된다. 이러한 가상에서 벗어나 참된 이미지를 구분하는 문제가 바로 『성찰』의 핵심이다.

꿈의 가설

데카르트의 불안을 극명하게 드러내 보여 주는 것이 철학사의 유명한 장면 중 하나인 '꿈의 가설'이다. 『성찰』보다 4년 앞서 쓰인 『방법서설』에서 데카르트는 자신에게 주어진 모든 표상들을 "내 꿈의 환영"[2]에 지나지 않는 것으로 간주하겠다고 말한다. 1641년의『성찰』에서 이 꿈의 가설은 보다 구체화된다.

> 나는 지금 두 눈을 부릅뜨고 이 종이를 보고 있다. 내가 이리저리 움직여 보는 이 머리는 잠 속에 있지 않다. 나는 의도적으로 손을 뻗어 보고, 또 느끼고 있다. 내가 잠자고 있을 때 이런 것은 이처럼 판명하지 않았던 것 같다. 그러나 꿈속에서도 이와 비슷한 생각을 하면서 속은 적이 어디 한두 번이던가. 이런 점을 곰곰이 생각해 보면, **깨어 있다는 것과 꿈을 꾸고 있다는 것을 확실히 구별해 줄 어떤 징표도 없다**는 사실에 소스라치게 놀라게 된다.(『성찰』, 36)

여기에서 다시 한 번 '지금 이것은 꿈이 아닌가?'라는 물음에 이미지에 관한 선입견이 전제되어 있다는 사실을 발견할 수 있다. 데카르트는 의식에 주어지는 이미지와 의식 바깥의 실재를 분리한다.

---

3   르네 데카르트, 이현복 옮김,『정신지도를 위한 규칙들·방법서설』(문예출판사, 1997), 185쪽. 이하『방법서설』로 표기.

의식 내의 표상인 이미지는 분명 실재를 모사한 것이지만, 그것이 실재와 올바르게 대응하는지를 판가름할 분명한 기준은 없다. 나의 의식에 주어진 것들이 잘못된 표상일지 모른다는 불안. '이것은 꿈은 아닌가?'라는 형식으로 표현된 불안은 '전능한 악신의 가설'과 함께 모든 지식에 관한 극단적인 회의로 치닫는다.

> 나는 이제 진리의 원천인 전능한 신이 아니라, 유능하고 교활한 악령이 온 힘을 다해 나를 속이려 하고 있다고 가정하겠다. 또 하늘, 공기, 땅, 빛깔, 소리 및 모든 외적인 것은 섣불리 믿어 버리는 내 마음을 농락하기 위해 악마가 사용하는 **꿈의 환상**일 뿐이라고 가정하겠다. 나는 또 손, 눈, 살, 피, 어떠한 감관도 없으며, 단지 이런 것을 갖고 있다고 잘못 믿고 있을 뿐이라고 생각하겠다. 나는 집요하게 이런 성찰을 견지하겠다.(『성찰』, 40~41)

이 극적인 회의의 국면에서는 더 이상 어떤 것도 믿을 수 없다. 가장 확실하고 참되게 보이는 것들조차 교활한 악신이 만들어 낸 '꿈의 환상'에 불과하다. 지금껏 배우고 믿어 왔던 모든 지식들의 권위가 허물어지고, 지금 여기에서 보이고 들리는 모든 감각 지각과 더불어 과거의 기억들까지 전부 무너져 내린다. 극단적 회의의 순간은 이처럼 그 어느 곳에도 발 디딜 곳 없어 몸을 가누지 못하고 "마치 갑자기 소용돌이치는 깊은 물속에 빠져 허우적대는 상황"(『성찰』, 42)으로 그려진다.

예상치 못한 순간 발 딛고 있는 곳이 갑작스럽게 푹 꺼져 들어갈 때 느껴지는 아찔한 현기증. 구역질을 일으키는 어지럼증이야말로 회의를 특징짓는 감각이다. 이처럼 데카르트의 회의는 한낱 사변적 유희가 아니라 그 자신의 모든 믿음을 송두리째 부정하는 고통스러운 과업이다. 이 고통의 허우적거림으로부터 어떻게 벗어날 수 있을 것인가?

나는 코기토다

흥미롭게도 데카르트는 문제가 되는 상황 자체를 수용하는 방식을 택한다. 자신에게 주어지는 모든 이미지들이 거짓일 가능성을 그 자체로 받아들이고, 참과 거짓을 더 이상 판별할 수 없다는 사실을 시인한다. "그래 좋다, 우리는 지금 꿈을 꾸고 있다고 치자."(『성찰』, 36)

상황은 더할 나위 없이 절망적이다. 그렇다면 진리 찾기를 포기해야 할까? 극도의 회의 속에서 데카르트는 이 모든 이미지들이 자신을 혼란하게 하는 것을 막기 위해 차라리 눈을 감아 버리기로 한다.

이제 눈을 감고, 귀를 막고, 모든 감각을 멀리하며, 물질적 사물의 상을 내 생각에서 모조리 지워 버리자. 이런 일이 힘에 겹다면, 적어도 이런 상을 공허하고 거짓된 것으로 간주하여 무시하자. **오직 나 자신과 대화하고, 내면을 깊이 살피면서, 내 자신을 점점 더 알려지게 하고, 내 자신과 더 친숙하게 만들어 보자. 나는 사유하는 것이다.**(『성찰』, 56)

모든 이미지들이 공허하고 거짓된 것이라 간주하면서 데카르트는 이제 '이미지들을 바라보는 자신'에게로 시선을 돌린다. 환영과도 같은 이미지들은 혼란만을 줄 뿐, 어떤 확실성도 찾을 수 없다. 그렇기에 눈을 감고 그 자신의 내면으로 침잠한다. 바로 이 시선의 전환을 통해 데카르트는 그토록 희구했던 단 하나의 확실한 인식을 발견한다. 코기토(cogito), 즉 '나는 사유한다'는 이렇게 내면을 응시하는 가운데 발견한 이름이다.

생각하는 나의 존재는 모든 지식의 토대가 된다. 이 최초의 지식은 역설적이게도 내가 속임을 당하고 있다는 사실 위에서 발견된다. 물론 전능한 악신은 온갖 종류의 환영을 통해 나를 기만할 수 있다. 어리석게도 나는 그가 꾸며 낸 이미지들을 실재라 믿음으로써 다시금 오류에 빠질지도 모른다. 그러나 악신이 나를 속이기 위해서는 적어도 속임을 당하고 있는 내가 있어야만 한다. 데카르트가 발견하는 나의 최초의 모습은 이처럼 '속임을 당하고 있는' 나, '거짓된 표상들을 가지고 있는' 나이다. "나는 있다, 나는 현존한다."(『성찰』, 44)

나에게 주어진 이미지들이 참인지 거짓인지를 의심하는 나는 존재한다. 이미지들이 진실된 것인지 거짓된 것인지와 무관하게, 이 참되거나 거짓된 표상들에 대하여 사유하고 있는 나의 존재는 확실한 것이다. 바로 이런 점에서 "나는 사유하는 것이다.(Ego sum res cogitans)"(『성찰』, 56)[4] 이것이 온갖 환영과 가상들로부터 눈을 감고 내면을 응시하

---

4   이와 동일한 표현은 다른 저작에서도 반복적으로 나타난다. 『방법서설』에서 데카르트는 "나는 생각한다, 고로 나는 존재한다 (Je pense, donc je suis)"라고 쓰며, 『철학의 원리』에서 이는 "Ego cogito, ergo sum"이라는 표현으로 제시된다.

는 가운데 데카르트가 발견해 낸 최초의 확실한 인식이다. 자기 자신에게로 되돌아감으로써 데카르트는 그토록 희구하던 진리에 가닿는다. 진리는 그 어느 곳도 아닌 자신의 내면에 깃들어 있는 것이다.

나는 상상한다

'나는 사유한다'는 데카르트가 온갖 혼란스러운 표상들 사이에서 발견해 낸 최초의 명석 판명한 인식이다. 데카르트는 단 하나의 확실한 인식인 이 코기토 명제에 기초해서 확고부동한 지식의 체계를 건설하고자 한다.

이와 같은 시도는 '나는 사유한다'가 결코 의심할 수 없는 확실성을 가진다는 사실에 근거한다. 말하자면 모든 이미지들은 늘 거짓일 수 있기에 지식을 추구할 때 원칙적으로 배제되어야 하지만, 코기토로 표현되는 나의 사유는 어떤 의심의 여지도 허용하지 않는 진실성을 담보한다는 것이다. 여기에서 이미지와 사유는 가장 먼 곳에 위치하는 두 극단으로 간주되고 있다.

그런데 그동안 데카르트 연구에서 상대적으로 주목받지 않았던 '상상'에 주목할 때 문제는 복

잡해진다. 이상한 것은 데카르트가 이미지에 대해 불신을 드러내 보이는 동시에 상상에 관해서는 긍정적 태도를 취한다는 사실이다. 상상 능력(facultas imaginandi), 즉 상상력(imaginatio)이란 라틴어 단어가 보여 주는 그대로 이미지를 만들어내는 능력이다. 그렇다면 이미지와 관계하는 상상력 역시 참된 지식을 구하는 과정에서 배제되어야 하지 않을까? 흥미롭게도 데카르트는 상상력을 사유의 한 양태로 본다.

> 나는 무엇인가? 사유하는 것이다. 사유하는 것이란 무엇인가? 의심하고, 이해하며, 긍정하고, 부정하며, 의욕하고, 의욕하지 않으며, **상상하고**, 감각하는 것이다.(『성찰』, 48~49)

'이미지'를 사유로부터 분리하는 동시에 '상상'을 사유에 포함하는 것은 모순 아닌가? 어떻게 이미지 없는 사유를 통해 참된 지식을 추구해야 한다고 주장하는 동시에 상상을 사유의 한 양태로 귀속시킬 수 있는가? 위 구절에서 사유와 상상의 관계를 이해하기 위해서는 '상상하는 활동'과 그러한 활동에서 '상상되는 것'을 구분해야 한다. 조금 까다롭지만 다음 설명을 보자.

> 나는 사유하는 것이다. 즉, 의심하고, 긍정하고, 부
> 정하며, 약간의 것을 이해하고, 많은 것을 모르며,
> 의욕하고, 의욕하지 않으며, 상상하고, 감각하는 것
> 이다. 앞에서 보았듯이, **내가 감각하거나 상상하는**
> **것이 내 외부에서는 혹시 아무것도 아니라 하더라**
> **도, 감각 및 상상력으로 내가 명명하고 있는 이런**
> **사유 양태**는, 그것이 단지 사유 양태인 한 내 안에
> 있다는 것은 확실하기 때문이다.(『성찰』, 56)

이 대목에서 데카르트는 상상하는 활동 자체
와 그에 의해 상상된 것을 구분한다. 상상하는 활
동이 사유에 속한다는 사실은 다시 한 번 분명히
강조된다. 무언가를 상상하는 정신의 활동은 사유
가 이루어지는 다양한 방식 가운데 하나이기에 상
상은 분명 사유의 한 양태이다. 한편 상상된 것들,
말하자면 상상 활동이 향하는 대상들은 상상의 활
동 그 자체와 구분되어야 한다. 우리가 탐구하고
있는 '이미지'는 이 후자에 해당한다.[5]

---

5   1641년의 한 편지에서도 데카르트는 다음과 같이 쓰고 있다.

데카르트가 정신의 '활동'과 그것의 '대상'을 구분한다는 사실에 주목하자. 고통스러운 회의의 과정을 거쳐 코기토에 다다랐을 때, 실제로 발견된 것은 바로 이 구분이다.

전능한 악신에 의해 내가 속임을 당하고 있을지라도, 그렇게 속임을 당하고 있는 나 자신이 존재하고 있다는 사실만은 결코 의심될 수 없다. 이때 진위를 판별할 수 없는 혼란한 표상들에 필연적으로 동반하는 어떤 정신의 활동이 있다. 그 모든 표상들이 한낱 허위이며 허상이라 하더라도, 그러한 표상들에 관련하고 있는 정신의 활동만큼은 실재한다는 것이다.

정확히 말하자면 '나'의 존재를 확증 짓기 위해 반드시 사유가 요구되지는 않는다. "의심하고, 이해하며, 긍정하고, 부정하며, 의욕하고, 의욕하지 않으며, 상상하고, 감각하는" 모든 정신의 활동

"내가 사유의 정의 속에 상상력을 포함시키고 있는 의미는 내가 그것을 배제했을 때의 의미와는 다르다. 우리로 하여금 어떤 것을 상상하도록 해 주는 것, 즉 뇌 속에 있는 물질적인 형상들 혹은 인상들은 사유가 아니다. 그러나 정신이 상상하거나 혹은 이런 인상들로 향할 때, 그 작용은 사유인 것이다."(르네 데카르트, 이현복 옮김,『성찰·자연의 빛에 의한 진리탐구·프로그램에 대한 주석』, 문예출판사, 2013, 222쪽.)

은 그러한 활동을 수행하는 자기 자신의 존재를 열어 밝힌다. 내가 사유한다는 사실로부터 사유하는 나의 존재가 확증되었던 것과 마찬가지로, 내가 상상한다는 사실로부터 상상하는 나의 존재가 드러난다.

그러므로 코기토는 '사유한다. 나는 존재한다'라는 형식만이 아니라 '상상한다. 나는 존재한다'라는 형식으로도, 나아가 '감각한다. 나는 존재한다'라는 형식을 통해서도 표현될 수 있다. 어떤 합리적 판단도 내릴 수 없을 만큼 강렬한 정념에 사로잡혀 있을 때조차 그러한 정념의 주체인 자아가 있다. 사유할 때와 마찬가지로 사랑하고 증오하며 의욕하고 공상하는 모든 순간을 주관하는 자아가 있다. 데카르트에게 '나'는 '사유하는 것'이다. 동시에 이 자아는 단지 사유가 아니다. 자아는 가능한 모든 술어로 표현될 수 있는 무정형의 활동성으로, 감각하는 것이며 의욕하는 것이고 또한 상상하는 것이다.

상상을 배제하는 사유

지금까지 데카르트의 '나는 존재한다'가 불안에 의해 세워졌으며, 사유만이 아니라 상상도 포함한다는 것을 확인했다.

그렇더라도 데카르트가 상상과 사유에 동등한 지위를 부여하는 것은 아니다. 우선 '사유(cogitatio)'라는 표현이 다의적으로 사용된다는 점에 유의해야 한다. 사유는 정신의 다양한 활동들을 모두 포괄하는 넓은 개념으로 쓰이는 한편, 지성(intellectus, 또는 오성)의 활동만을 가리키는 제한된 의미에서 쓰이기도 한다. 이 후자의 의미에서 순수 사유, 곧 지성의 능력은 상상의 능력에 비해 우월한 것으로 이해된다.

지성에 대비해서 말하자면 상상이란 일종의 감각화된 사유 능력이라 할 수 있다. 예컨대 '삼각형이란 무엇인가?'라는 물음을 던졌다고 하자. 지성이 '내각의 합이 180도인 도형' 혹은 '세 개의 변과 세 개의 꼭짓점을 가진 도형'이라고 답한다면, 상상은 '삼각김밥과 같은 모양'처럼 구체적인 삼각형의 이미지를 떠올리는 방식으로 답한다. 데카르트는 이렇게 감각화된 사유인 상상을 순수 사유에 미치지 못하는 '강등된 사유'로 간주한다.

상상은 왜 지성에 비해 열등한가? 코기토 명제에 도달한 직후 데카르트는 '사유하는 것'으로 발견된 나를 보다 면밀하게 탐구한다. 앞서 보았듯 코기토에 의해 나는 사유하는 활동으로 파악된다. 그렇다면 사유함 이외에 나는 또한 어떤 것이라 할 수 있는가?

홍미롭게도 데카르트는 '상상'을 통해 이에 답하고자 한다. "이것 외에 나는 또 무엇일까? 이제 한번 상상을 동원해 보자."(『성찰』, 47) 그러나 곧 데카르트는 상상을 통해서는 결코 나에 관한 지식을 얻을 수 없다는 결론에 다다른다. 상상은 감각적인 상으로 나타나는 물질적인 것과 관련된 마음의 능력이므로, 사유함을 본성으로 하는 비물질적인 정신에 대해서는 상상력을 통해 접근할 수 없기 때문이다. 상상력을 통해서는 '사유하는 것'인 나에 관한 앎을 얻을 수 없다. 내가 비물질적인 사유로 파악된 이상, 내가 무엇인지를 알기 위해서는 순수하게 사변적인 사유의 능력인 지성에 의존해야 한다. 즉 사유하는 것인 나에 대한 탐구에서 물질적인 것과 관련된 능력인 상상력은 그 어떤 유효성도 가지지 못한다.

그리고 데카르트는 천각형, 그러니까 변이 1000개인 다각형의 사례를 통해 상상 능력의 한계를 보여 준다.

내가 만일 천각형을 상상한다면, 삼각형이 세 변으로 구성된 도형임을 이해하는 것처럼 천각형은 1000개의 변으로 구성된 도형임을 잘 **이해**하긴 하지만, 삼각형과 같은 방식으로 1000개의 변을 **상상**할 수는 없다. 다시 말해 1000변을 현전하는 것처럼 직관할 수는 없다.(『성찰』, 103)

우리는 천각형을 '이해'할 수는 있지만 '상상'할 수는 없다. 기껏해야 우리가 떠올릴 수 있는 것은 이 천각형을 구성하는 부분적 측면들, 몇몇 변들에 지나지 않을 것이다. 부분적 조망을 넘어 천각형의 전체적인 형상을 떠올려 보려고 해도 실제로 우리의 마음속에 떠오르는 것은 원과 유사한 어떤 도형의 추상적이며 불완전한 표상일 따름이다.

그런데 상상 능력의 한계를 증언하는 이 불완전성 내지 불충분성은 어디에서 기인하는 것인가? 삼각형 혹은 사각형은 상상할 수 있으나 천각형을 상상할 수 없는 이유는 무엇인가? 당연하게도 그것은 감각 경험의 문제와 연관된다. 우리가 조금의 어려움도 없이 삼각형을 마음속에 그려 낼 수 있는 까닭은 그것을 수차례 보고 관찰해 왔기 때문이다. 이와 달리 천각형에 관한 이해를 가지고 있음에도 천각형을 상상해 낼 수 없는 것은 지성적 차원의 이해가 부족하기 때문이 아니라, 천 개의 변을 가진 도형을 경험 중에 실제로 관찰한 적이 없기 때문이다. 그러므로 지성과 상상의 근본적인 차이란 바로 감각 경험에 대한 의존 여부라 할 수 있다.

상상은 감각 경험에 의존한다. 순수한 사변적 관심을 가진 지성이 주체의 내면으로 향하는 것과 달리, 상상은 구체적으로 현존하는 감각적 사물을 향해 주체의 바깥으로 나아간다. 곧 상상이란 사변적 이해에 머물지 않고 경험을 참조하려는 정신의 능력이며, 추상적인 관념을 감각적인 표상으로 구체화하려는 정신의 능력이다. 데카르트가 실제로 상상을 열등한 인식 능력으로 간주한 핵심적인 이유는 바로 이것이다. 감각을 통해 얻어진 인식을 원칙적으로 신뢰할 수 없는 한, 그것에 의존하는 정신의 능력인 상상 역시 불신의 대상이 될 수밖에 없다.

자연의 빛

『성찰』을 비롯한 데카르트의 저작들에서 공통으로 강조되고 있는 것은 오직 지성을 통해서만 참된 앎에 다다를 수 있다는 믿음이다.

『방법서설』을 시작하는 첫 문장에서 데카르트는 "양식(bon sens)은 이 세상에서 가장 공평하게 분배되어 있는 것"(『방법서설』, 146)이라고 말한다. 이 양식이 바로 정신에게 속하는 지성적 본성이다. 모든 인간에게는 선천적으로 지성이 있으며, 바로 이 지성만이 우리가 참된 인식을 추구할 때 신뢰할 수 있는 유일한 '자연의 빛'이다.

나는 본능을 두 종류로 구별하고 있다. 하나는 인간으로서의 우리에게 있는 것으로서, 이것은 순전히 지성적인 것, 즉 자연의 빛 혹은 정신적 직관이다. 우리는 오직 이것만을 신뢰해야 한다. 다른 하나는 동물로서의 우리에게 있는 것으로서, 이것은 신체의 보존과 육체적 쾌락을 위한 자연의 어떤 충동이다. 이것은 우리가 항상 따라야 하는 것은 아니다.[6]

상상, 그리고 상상이 의존하는 감각 지각은 인간이 가진 두 종류의 본능 가운데 동물적인 부분에

6　1639년에 쓴 데카르트의 편지. 르네 데카르트, 이현복 옮김, 『성찰·자연의 빛에 의한 진리탐구·프로그램에 대한 주석』(문예출판사, 2013), 227쪽에서 재인용.

속한다. 『성찰』에서도 데카르트는 감각에 의존해 획득되는 지식은 '자연의 빛'이 아닌 한낱 '충동'을 따르는 것임을 반복해서 강조한다. 감각을 통해 주어지는 지식들을 신뢰할 수 없는 까닭은 그것들이 맹목적인 충동을 따르기 때문이다. 데카르트의 논변에는 이처럼 자연의 빛과 자연적 충동의 구분이 바탕에 놓여 있다.

> **자연의 빛**에 의해 나에게 명시되는 것들, 예컨대 내가 의심하는 한 내가 존재한다는 것 등은 **결코 의심될 수 없다.** 이 자연의 빛만큼 신뢰할 수 있는 어떤 능력도, 또 그것이 참이 아니라고 나에게 가르쳐 줄 만한 어떤 능력도 있을 수 없기 때문이다. 그러나 **자연적 충동**에 관해 말하자면, 이것은 내가 선을 선택해야 할 경우에도 나쁜 쪽으로 나를 부추겼던 적이 전에 자주 있었기 때문에, 다른 경우에 있어서도 이것을 **신뢰해야 할 이유는 없다**고 생각한다.(『성찰』, 62)

자연적 충동에 바탕을 둔 감각적인 지식은 신뢰할 수 없으며, 따라서 자연의 빛에 의거한 순수 사유의 능력만을 진리 찾기의 유일한 방책으로 삼아야 한다는 것. 이것이 바로 성찰을 위해 데카르트가 눈을 감고 귀를 막아야 했던 이유이다. 모든 감각적인 것들은 우리의 정신을 혼란하게 하는 이미지들이기에, 참된 지식을 추구하기 위해 차라리 감각 지각의 능력을 포기해야 했던 것이다.

『성찰』의 「헌사」에서도 데카르트는 참된 지식을 추구하기 위해 필요한 것은 무엇보다도 "감각의 속박을 쉽게 끊어 버릴 수 있는 정신"(『성찰』, 20)임을 강조한다. 감각, 기억, 상상과 같이 신체를 전제로 하는 능력들은 형이상학 탐구에 걸림돌이 될 뿐이다. 철학을 위해 요구되는 것은 현기증을 불러일으키는 감각적인 환영들로부터 눈을 감는 것이다.

데카르트의 진리 찾기는 이처럼 정신을 산만하게 하는 일체의 소음이 사라진 고요 속에서 이루어진다. 모든 감성적 조건들이 배제된 진공 상태의 정적 속에서 데카르트는 엄격한 반성적 태도로 그 자신이 믿었던 지식들이 명석 판명한 것이었는가를 검토한다. 사실 데카르트 철학의 결론은 진부한 것이다. 스콜라 철학 전통을 전복하겠다는 야심찬 선언에도 불구하고 결국 그는 전통 철학의 세계관을 옹호하는 결론으로 나아갔기 때문이다. 데카르트 철학의 혁명적 측면은 결론이 아닌 태도에서 발견된다. 주관에게 명석 판명한 것으로 드러나기 전까지는 그 어떤 명제도 참된 것으로 신뢰하지 않겠다는 엄격함. 데카르트에게서 탐구의 중심은 주관이다.

'만일'이라는 형식

이미지란 무엇인가? 데카르트에게 이미지란 세계가 우리에게 드러나는 방식, 곧 우리가 세계와 대면해 경험하는 방식이다.

꿈의 가설이 보여 주듯 우리는 전날 밤의 꿈과 현실을 구분할 어떤 징표도 찾을 수 없다. 그리고 이미지의 형태로 세계와 대면할 뿐 실제로 세계 그 자체를 경험하지 못하는 한, 우리는 한낱 가상에 불과한 이미지들을 진실이라 착각한 채 살아가는지도 모른다. 확실한 지식을 찾고자 하는 데카르트적 성찰은 이렇듯 이미지가 실재를 올바르게 재현한 것이 아닐지도 모른다는 불안으로부터 태어난 것이다.

이 모든 이미지들이 가상에 지나지 않는다 하더라도 결코 의심할 수 없는 것이 있다. 그것이 바로 '코기토'이다. 혼란한 이미지들로부터 눈을 감고 그 자신의 내면을 깊이 응시함으로써 데카르트는 이미지에 관한 어떤 사유의 활동만은 확실히 있다는 것을 발견한다. 흥미로운 것은 이러한 코기토의 발견이 상상에 의해서도 이루어질 수 있다는 사실이다. 그 모든 사유의 내용이 거짓일지라도 그것을 사유하고 있는 나 자신이 있다는 것이 확실하듯, 나의 모든 상상의 내용들이 거짓일지라도 그것을 상상하고 있는 나 자신이 있다는 것은 확실하다.

그렇다면 이미지와 상상에 관하여 데카르트는 일관적이지 못한 태도를 보이고 있는가? 이미지를 신뢰할 수 없는 것으로 배격했던 것과 다르게, 그러한 이미지를 만들어 내는 활동인 상상력에 관해서는 긍정적인 평가를 내리는 것인가? 그렇지 않다. 상상은 분명 정신 활동의 한 양태이며, 넓은 의미에서는 사유의 한 양상이라고 할 수 있지만, 상상력은 열등한 능력으로 간주된다. 근본적으로 상상은 '자연의 충동'으로부터 기원하는 능력으로, 감각 경험에 의존하기 때문이다. 감각과 상상은 우리의 경험에 주어지는 이미지들로 향하며, 그러한 이미지들로부터 벗어나지 못한다. 그러나 지식을 추구할 때 우리는 감각으로부터 정신을 분리해 지성, 곧 자연의 빛에 따라야 한다.

데카르트가 철학 탐구의 방법으로 '의심'을 선택한 이유는 바로 여기에 있다. 의심이야말로 "모든 선입견에서 우리를 벗어나게 하고, 정신을 감각으로부터 떼어 놓는 데 가장 쉬운 길을 열어 준다."(『성찰』, 28) 우리는 의심을 통해 비로소 혼란한 가상인 이미지에 종속되지 않고 참된 지식이 무엇인가를 물을 수 있다.

여기에서 마지막 물음을 던져야 한다. 정말로 데카르트는 이미지와 상상력을 배제하고서 성찰하고 있는가? 그의 철학은 온전히 자연의 빛으로서의 지성을 통해 수립된 것인가?

나는 자연적 충동 없는 자연의 빛이라는 관념이 합리론적 공상의 산물이라고 비판을 제기하고 싶다. 칸트의 표현을 따르자면, 경쾌한 비둘기는 공기의 저항이 없으면 더 잘 날 수 있을 것이라 생각하겠지만, 공기가 없는 곳에서는 결코 비행할 수 없다. 이처럼 자연의 빛인 지성은 자연의 충동인 상상에 의존한다. 데카르트의 모든 사유가 '만일 이것이 거짓된 것이라면'이라는 의심으로부터 시작되었듯 말이다.

이제 우리는 흄의 이미지론을 살펴보려고 한다. 흄은 데카르트와 마찬가지로 자신의 내면을 관찰하면서도 정반대의 결론으로 나아간다. 정신의 극장을 관찰하는 가운데 흄은 사유함이란 혼란한 이미지들과 따로 떨어질 수 없으며, 언제나 이미지에 동반된다는 사실을 발견한다. 데카르트적 성찰이 혼란한 표상인 이미지들로부터 벗어나 순수한 사유를 발견하고자 하는 노력이었다면, 흄은 이미지를 배제하고서는 그 어떤 지식도 주어질 수 없다고 주장한다. 한낱 가상에 지나지 않는 것으로 배격된 이미지들을 다시 들여다볼 시간이다.

2장

흄의 극장

흄(David Hume, 1711~1776)의 철학을 추동했던 것 역시 지식의 토대를 찾으려는 야심이다.

데카르트와 달리 흄은 인간의 본성을 탐구한다. 모든 학문이 다루는 갖가지 종류의 지식은 근본적으로 인간의 본성과 함께 형성되기 때문이다. 논리학은 인간의 추론 능력에 관계하며, 비평과 정치학은 인간의 감정 및 사회 내에서의 인간의 관계 방식과 관련된다. 심지어 수학과 자연학의 지식 역시 인간의 정신 능력을 통해 판단된다는 점에서 인간 의존적이다. 그렇기에 학문의 토대를 정초하려는 기획은 인간 본성에 관한 탐구인 인간학이 된다.

흄은 인간의 이해력이 탐구할 수 있는 범위와 역량을 넘어서는 데카르트적 형이상학을 비판한다.

이와 같은 오류로부터 학문을 구하기 위해 흄은 인간 정신의 능력들이 어떻게 발생하며 작용하는지를 설명하는 학문인 인간학을 요청한다.

경험이라는 방법

흄의 주저인 『인간 본성에 관한 논고』는 이렇게 시작한다.

> 단 한 번이라도 우리가 **인간 본성**을 꿰뚫어 볼 수 있다면, 우리는 어디서나 손쉬운 승리를 기대할 수 있을 것이다. 이 주둔지에서 출발하여 우리는 인간의 삶에 더욱 밀접하게 관여하는 모든 학문을 정복해 갈 수 있을 것이며, 나중에는 순수한 호기심의 대상이 되는 학문들까지도 여유를 가지고 보다 충분히 밝힐 수 있게 될 것이다. **그 결론이 인간학에 포함되지 않으면서도 중요한 그러한 물음은 없다.** 그리고 우리가 인간학에 정통하기 전에 확실하게 결론 내릴 수 있는 것도 전혀 없다.[1]

---

1   데이비드 흄, 이준호 옮김, 『인간 본성에 관한 논고: 오성에 관하여』(서광사, 2009), 21쪽. 이하 『논고』로 표기.

인간학은 다른 모든 학문으로 나아가기 위한 중심이다. 그렇다면 만학의 토대가 될 인간학은 어떤 방식으로 탐구되어야 하는가? 데카르트와 흄의 철학의 근본적 차이는 무엇보다도 이 방법에서 드러난다.

흄이 선택한 방법이란 경험, 그리고 경험된 사태에 관한 부단한 관찰이다. 인간 본성의 원리는 오직 경험과 관찰을 통해 탐구되어야 한다. 1장에서 살펴본 데카르트는 참된 지식을 찾기 위해서는 오직 순수한 지성의 힘인 직관과 연역에 기초해야 한다고 생각했다. 데카르트는 이에 어긋나는 '순서 없는 연구'와 '모호한 성찰'에 대해 다음처럼 비판한다.

맹목적인 호기심으로 가득 차 있는 인간들은 자신의 정신을 종종 미지의 길로 유인하고 있다. 나름대로의 희망도 없이, 찾고 있는 것이 혹시 거기에 있지나 않을까 하는 생각에서 향하고 있는 것이다. 이와 같은 순서 없는 연구와 모호한 성찰은 자연의 빛을 흐리게 하고, 지성을 맹목적으로 만든다는 것이 분명[하다.] 어둠 속을 걷는 데 익숙해진 사람은 시력이 점차 약화되어, 나중에는 환한 태양의 빛을 견

딜 수 없게 된다.[2]

인용된 구절에서 비판되고 있는 것은 누구인가? 이들은 자연의 빛인 지성을 통해 철학을 수행하지 않고, 단지 자신이 마주하는 것을 탐구하고자 한다. 그런데 이러한 맹목적인 탐구란 곧 경험론이 아닌가? 부정적인 방식으로 묘사하고 있지만 데카르트의 설명은 경험론의 본질을 정확히 드러내 보인다. 어떤 인간 본성도 선행적으로 가정하지 않고 오로지 경험을 통해서 원리를 발견하고자 하는 경험론의 시도는 분명 손끝의 감각에 의존해 어둠 속을 더듬거리는 사람의 몸짓을 닮아 있다.

흄은 데카르트의 성찰에서 결코 참된 것이라 승인할 수 없는 거짓된 직관과 기만들을 발견한다. 흄의 인간학은 오직 경험에 나타나는 바에 기대 인간 본성의 원리들을 그려 내려는 시도이며, 여기에서 경험에 드러나지 않는 모든 관념과 법칙들은 원칙적으로 허위로 간주된다. 물질적 실체, 자아, 신과 같은 본유 관념들이 허구로 배척되는 까닭 역시

2   르네 데카르트, 이현복 옮김, 『정신지도를 위한 규칙들·방법서설』(문예출판사, 1997), 29쪽.

이와 동일하다. 이 모든 문제들에 대하여 흄이 제기하는 것은 다음과 같은 일관적인 물음이다. "어떤 인상에서 이 관념이 유래될 수 있는가?"(『논고』, 256) 단 한 번도 경험된 바 없는, 정확히 말해 '그에 대응하는 인상이 주어진 바 없는' 관념이란 허위이거나 공상에 지나지 않는 것이다. 데카르트의 본유관념 그리고 자연의 빛으로서의 지성은 경험을 통해 정당화될 수 없는 거짓된 직관일 뿐이다.

이처럼 데카르트와 흄의 철학은 경험에 대해 극명한 차이를 보인다. 데카르트에게 경험이 가상과 오류의 원천으로 간주되었다면, 흄에게 경험은 참된 지식을 얻기 위해 의존할 수 있는 유일무이한 방법으로 이해된다. 그렇기에 흄은 자아라는 관념을 승인할 수 없었다. 경험에 주어지는 인상들 중에서 지속성을 가지는 '나'와 같은 것은 찾아볼 수 없기 때문이다. 흄에게 확실한 것이란 그 유래를 알 수 없는 단속적인 지각들, 즉 정신의 극장을 떠도는 인상과 관념들뿐이다.

데카르트 대 흄

그렇다면 인간 본성에 관한 흄의 성찰이 보여 주는

것은 무엇인가? 경험을 통해 관찰되지 않는 모든 것을 거부한 끝에 흄의 철학이 다다른 곳은 회의주의의 심연이었다.

경험론에 투철한 정신은 물질적 실체의 관념과 인과성의 관념을 회의한 끝에 심지어는 자아 관념마저도 파기하는 데에 이른다. 『논고』의 결론을 목전에 둔 4부 6절 「인격의 동일성에 관하여」를 읽어 보자.

> 인간들은 서로 다른 지각들의 다발 또는 집합일 뿐이며, 이 지각들은 표상할 수 없을 정도로 빠르게 서로 계기하며 영원히 흐르고 운동한다. 우리 눈은 우리 지각들을 변화시키지 않고는 안와(眼窩)에서 운동할 수 없다. 사유는 시각보다 더 가변적이다. 다른 모든 감관과 직능은 이 변화에 기여한다. 단 한순간이라도 변화 없이 동일한 것으로 남아 있는 영혼의 유일한 능력은 전혀 있을 수 없다. 정신은 일종의 극장이다. 이 극장에는 여러 지각들이 계기적으로 나타나고, 지나가며, 다시 지나가고 미끄러지듯 사라지고, 무한히 다양한 자태와 상황 안에서 혼합된다.(『논고』, 257)

예를 들어 화재 현장에 있다고 해 보자. 일순간 붉은색의 강렬한 인상이 눈앞을 스치고 타는 듯한 뜨거움의 인상이 느껴지며, 또 어느 한순간 어둡고 검은 연기가 시야를 뒤덮는 가운데 타는 듯 매캐한 후각적 인상이 찾아든다. 수많은 인상들, 그 인상과 유사하거나 인접한 불꽃, 그림자, 연기와 같은 관념들과 함께 불안과 고통의 정념이 끊임없이 정신에 떠오르고 또 뒤섞이며 변화하고 사라진다. 이처럼 일종의 극장 같은 정신에 끊임없이 나타나고 흩어지는 이 수많은 인상과 관념들은 그 무엇도 인격적 동일성을 가진 자아 관념을 뒷받침하지 않는다. '나'는 "지각들의 다발 또는 집합"일 뿐이다. 나는 정신이라는 극장을 떠도는 수많은 지각들의 배후에 있는 실체가 아니다.

　　여기에서 흄은 나를 사유하는 실체, 곧 '생각하는 것'으로 규정한 데카르트의 주장에 정면으로 맞선다. 데카르트에 따르면 '생각하는 나'가 있다는 것은 명석 판명한 지식으로, 아무리 강렬한 감각과 정념에 휩쓸리더라도 명증하게 드러날 수밖에 없다. 내가 터무니없는 공상에 빠져 있을 때도 그것을 상상하는 '나'가 존재해야 하며, 내가 극한의 고통을 겪고 있는 순간에도 그것을 감각하는 '나'가 존재해야 하기 때문이다. 한편 흄에게 확실한 것은 바로 그 감각과 정념, 터무니없는 공상과 고통들이지 그러한 표상에 동반하는 '나'가 아니다.

재미있는 점은 '나는 생각한다'가 데카르트 자신이 그토록 의심했고 또 배제하려 했던 표상들과 함께 나타난다는 것이다. 바로 그러한 '나'가 출현하는 사태를 흄은 다음처럼 묘사한다.

> 내 입장에서 내가 이른바 '나 자신'이라는 것의 심층에 들어가 보면, 나는 언제나 어떤 개별 지각들이나 다른 것들 즉 뜨거움 또는 차가움, 빛 또는 그림자, 사랑 또는 증오, 고통 또는 쾌락과 만난다. **지각 없이는 내가 나 자신을 잠시도 포착할 수 없으며, 지각 없이는 어떤 것도 관찰할 수 없다.**(『논고』, 257)

또한 흥미롭게도 데카르트의 『성찰』에는 이와 공명하는 대목이 있다. "나는 있다, 나는 현존한다, 이것은 확실하다. 그러나 얼마 동안? 내가 사유하는 동안이다."(『성찰』, 42~43) 여기에서 데카르트는 '사유하는 나'가 사유하는 작용에 뒤따르는 것임을 시인하고 있다. 이와 달리 흄은 코기토가 정신 활동의 전제 조건이 아니라고 말한다. 코기토는 표상들,

흄의 표현을 따라 말하자면 '지각들'에 따라오는 허상에 불과한 것이다.

그런데 왜 허상인가? 당연하게도 이 관념에 상응하는 인상을 찾을 수 없기 때문이다. 모든 관념이 경험으로부터 비롯된다면, 인격적 동일성을 가진 나의 관념 역시 그에 상응하는 인상이 있어야만 한다. 그러나 인격적 동일성을 가진 나라는 관념에 대응하는 인상은 결코 경험에 주어지지 않는다. 그러한 나는 결코 경험되지 않는다. 그러므로 '사유하는 나'에 관한 데카르트적 직관은 거짓된 것이다. 직관되는 것은 오로지 정신의 극장을 표표히 떠도는 이미지들뿐이며, 데카르트는 그 배후에 이 이미지들을 통일하는 심급인 '사유하는 나'가 있다고 상상했을 따름이다.

이 대목에서 우리는 다음과 같은 물음을 던져볼 수도 있을 것이다. 흄에게 정신이 일종의 극장이며, 무수한 지각들이 이 극장에서 나타나고 사라지는 것이라면, 바로 이 극장이 '나'에 해당하는 것은 아닌가? 이미 『논고』에서 흄은 다음과 같이 답하고 있다.

단순성과 동일성을 상상하는 자연적 성향을 우리가

가질 수도 있지만, 아마 정신에는 단 한순간도 '단순성'이 있을 수 없을 것이며 서로 다른 정신에는 '동일성'이 없을 것이다. 극장과 비교하는 것이 결코 우리를 오도하지 않을 것이다. 그 지각들은 정신을 구성하는 유일한 계기적 지각들이며, 우리는 이 지각들의 전경이 재현되는 장소에 대하여 또는 그 장소를 구성하는 소재에 대하여 아주 막연한 견해조차 가질 수 없을 것이다.(『논고』, 257~258)

여기에서 흄은 극장의 비유를 오해하지 말 것을 당부하고 있다. 단지 잇따르는 지각들이 정신에 나타난다는 사실 이상의 어떤 함축도 의도하지 않았다는 것이다. 이 정신의 극장이란 그것의 원리도 소재도 알려지지 않은 것이다.

상상력 탐구자

흄은 인상과 관념들이 잇따라 나타나는 장소인 정신에 관해 모든 종류의 임의적인 설명을 거부한다. 흄의 인간학에서 발견되는 것은 극장을 떠도는 이미지들뿐이다.

이미지들은 연합되어 다양한 종류의 관념을

형성한다. 그러나 연합을 인도하는 것은 지성이 아니다. 흄에 의하면 이 작용은 말 그대로 이미지들을 연합하는 힘인 상상력에 의해 이루어진다. 상상력은 경험과 습관에 뿌리를 둔 능력으로 규정된다.

> 경험은 과거 대상들의 여러 가지 결부들에서 나를 가르치는 원리이다. 습관은 내가 미래에도 동일한 것을 기대하도록 결정하는 또 다른 원리이다. 경험과 습관은 함께 손잡고 상상력에 작용하는데, 이 장점을 수반하지 못한 다른 것들보다 더 강렬하고 생생한 방식으로 내가 어떤 관념을 형성하도록 한다.(『논고』, 268~269)

흄은 기존 철학이 섣불리 본유적인 것이라 받아들인 관념들의 원천에 상상력이 있음을 폭로한다. 무엇보다 강조되어야 하는 것은 이러한 상상력이 경험과 습관에 의해 인도된다는 점이다.

상상의 작용을 이끄는 것은 데카르트가 자연의 충동이라 비판했던 경험이다. 데카르트가 우리 경험에 주어지는 모든 표상들을 신뢰할 수 없다고 말하며 표상들로부터 눈을 감고 내면으로 향했다면, 흄은 이 이미지들을 직시한다. 흄은 표상들이 있다는 사실로부터 시작한다. 흄의 철학에서는 지성이 더 이상 신뢰할 만한 지위를 보전하지 못한다. 무수한 이미지들만이 존재한다. 정신의 힘은 이 이미지들에 관계하는 능력 이상이 아니다. 흄이 정신의 역량으로 제시하는 기억력과 상상력은 바로 이 이미지들을 불러오고 연합하는 힘의 이름인 것이다.

그런데 지각에 주어지는 인상과 관념들로부터 시작해 인간의 정신 작용을 설명함으로써 흄은 인간을 지성적 존재로 규정하는 전통적인 견해에서 멀어지고 있는 것이 아닌가? 분명히 그렇다. 지성은 더 이상 인간에게 본유적으로 내재하는 능력이 아니다. 지성의 기원이 상상력인 이상 지성은 결코 인간을 특징짓는 고유한 자질로 이해될 수 없다. 『논고』 제16절은 바로 이와 같은 맥락에서 이해되어야 한다. 21세기의 우리가 보기에 놀랍게도 18세기의 흄은 이렇게 말한다.

> 나에게 가장 명증적 진리로 여겨지는 것은 야수들도 인간과 마찬가지로 사유와 이성을 타고났다는 것이다.(『논고』, 188~189)

지성의 측면에서 인간과 동물이 구분되지 않는 것은 동물로부터 놀랄 만한 지성적 자질이 발견되기 때문이 아니다. 인간의 지성을 동물의 직감과 구분할 수 없기 때문이다.

인간의 이성은 과거에 발생한 사건들에 대한 관찰과 경험에서 발생하는 것이지 그와 다른 원천을 가지지 않는다. 이렇게 이성의 능력을 경험에 기반한 '직감'과 같은 것으로 이해함으로써 흄은 데카르트적 논변의 근본 전제인 '자연의 빛'과 '자연의 충동'의 구분을 와해시킨다. 인간의 지성적 능력은 자연의 충동과 구별되는 또 다른 종류의 원리가 아니다. 기존 철학은 단지 결과로 주어진 것에 원리의 자격을 부여했던 것이다.

인간의 이성이 근본적으로 동물의 '직감'과 다르지 않다고, 혹은 경험에 근거한 '습관'에 지나지 않는다고 쓸 때 흄은 지성이 경험에 앞서는 것이 아니라 경험을 통해 형성되는 것이라고 주장한다. 인간 정신의 능력은 바로 희미하거나 강렬한 이미지들로부터 형성된다. 흄은 이미지들이 어떻게 연합되는지를 기술하고자 한다. 바로 그렇기 때문에 흄의 인간학은 이미지들이 연합하는 원리와 규칙에 관한 탐구, 곧 상상력에 관한 탐구가 된다.

상상의 두 의미

그런데 흄의 철학이 상상력이라는 개념을 다의적으로 사용한다는 점에 주의해야 한다. 다시 『논고』를 읽어 보자.

> 내가 상상력을 기억력과 대비시킨다고 말할 때, 상상력은 다소 흐릿한 관념을 형성하는 직능을 의미한다. 또한 나는 상상력을 이성과 대비시킬 때, 우리의 논증적 추론과 개연적 추론만 제외한다면 상상력이 이성과 동일한 직능이라고 본다.(『논고』, 135)

상상력이란 경험에 주어지는 이미지를 연합하는 정신의 능력이다. 우선 상상력은 이성과 대비된다. 특정한 방향으로 고착되지 않은 무정형의 힘인 상상력은 과거로부터 배움을 얻는 원리인 경험과, 미래에도 동일한 것을 기대하게끔 하는 원리인 습관을 따라 작동한다. 그리고 우리의 모든 정신 능력들은 이 상상력으로부터 유래한다. 지성은 "상상력의 일반적이고 더욱더 확정적인 속성들"(『논고』, 270)에 불과하다. 상상력은 "이성과 동일한 직능"인 것이다.

여기에서 우리는 흄의 엄격한 경험론적 정신을 다시 한 번 발견할 수 있다. 경험에 주어지는 사실은 무엇인가? 우리의 의식에 무수한 인상과 관념들이 나타나고 또 나타난다는 것이다. 이렇게 주어진 인상은 관념이 되고, 관념들은 모종의 원리를 따라 연합한다. 흄의 『논고』는 이렇듯 이미지들이 연합하는 과정을 면밀하게 관찰함으로써 인간 정신의 운동을 해명하려는 기획이다. 그렇기에 오로지 경험과 습관의 원리에 따라 움직이는 상상력의 작용을 기술한다. 지성이란 본유적으로 주어진 능력이 아니라, 상상력이 특정한 방향과 형태로 고착화된 결과일 따름이다. 흄의 탐구는 이렇듯 지성의 탄생을 추적해서 드러내 보인 것이다. 흄을 읽으면서 자신의 독창적인 철학을 시작한 들뢰즈가 말하듯, 흄을 사로잡은 물음이란 다음과 같다. "정신은 어떻게 하나의 주체가 되는가? 상상력은 어떻게 하나의 인식 능력이 되는가?"[3]

다른 한편 흄은 상상력을 기억력과 대비시킨다. 지성과의 대비 속에서 상상력이 지성의 모태가

---

3   질 들뢰즈, 한정헌·정유경 옮김, 『경험주의와 주체성』(난장, 2012), 21쪽.

되는 역량으로 기술된다면, 기억력과 대조될 때 상상력은 인상을 불완전한 방식으로 재생하는 능력으로 규정된다. 좀 까다롭지만 마지막으로 다음 대목을 들여다보자.

> 어떤 인상이 정신에 현전했을 때, 우리는 그 인상이 다시 관념으로 정신에 현상하는 것을 경험적으로 발견한다. 그리고 여기에서 그 인상은 다음과 같이 서로 다른 두 방식으로 나타날 것이다. 첫째, 그 인상이 새로 현상함에 있어서 인상이 그것 최초의 생동성을 상당한 정도로 유지한다면, 그것은 인상과 관념 사이의 어떤 중간자이다. 둘째, 그 인상이 그 생동성을 완전히 상실했을 때, 그것은 완전 관념이다. 우리가 인상을 첫째 방식으로 반복하는 직능을 '기억'이라고 하며, 둘째 방식으로 반복하는 직능을 '상상력'이라고 한다.(『논고』, 31~32)

상상과 기억을 구분 짓는 핵심적인 차이는 생생함이다. 흄에 의하면 상상과 기억은 우선 그것이 불러오는 지각의 생생함에 의해 구분된다. 상상은 희미하고 생생하지 못한 방식으로 인상을 불러오는 능력이다. 그리고 상상이 불러오는 것은 생동성이 완전히 상실된 인상으로서 완전 관념이다.

그런데 이처럼 생생함을 기준으로 인상과 관념을 구분할 때 상상과 기억이라는 두 능력 사이의 구분이 불명확해진다는 난점이 생긴다. 기억에 의해 재생되는 인상과 상상에 의해 재생되는 관념이 오직 생생함을 통해서만 구분된다면, 희미한 기억은 종종 상상과 혼동될 것이며 강렬한 상상은 기억으로 오인될 것이기 때문이다.

놀랍게도 여기에서 우리는 데카르트의 문제를 발견한다. 데카르트가 꿈이 현실의 지각만큼이나 생생할 수 있다는 사실을 지적했다면, 흄은 기억이 상상만큼이나 희미해질 수 있다는 사실을 지적한다. 동일한 문제가 현실과 꿈, 기억과 상상이라는 구도로 반복되고 있다.

분명 흄은 데카르트 철학과 다른 방식으로 이미지의 문제에 접근했다. 확고부동한 지식의 토대를 마련하기 위해 데카르트가 이미지를 배척하고 순수 지성을 통해 탐구를 수행했던 것과 달리, 흄은 데카르트가 외면했던 이미지들로부터 시작해서 이미지들이 연합하는 원리를 규명함으로써 인간 정신의 활동을 이해하고자 했다.

그럼에도 데카르트와 흄은 근본적으로 이미지

에 관한 동일한 이해를 공유하고 있다. 핵심은 세계에 대한 경험이 이미지를 매개로 이루어진다는 생각이다. 우리는 세계와 직접적으로 마주하지 않는다. 경험에 주어지는 것은 오직 생생하거나 희미한 이미지인 인상과 관념들이며, 이 이미지들은 실재로부터 유래하지만 실재 그 자체와는 구분된다. 지각과 상상을 혼동하게 되는 것은 우리가 대면하는 것이 실재가 아닌 이미지이기 때문이다.

유아론의 문제

바로 여기에 유아론(唯我論, Solipsism)의 기원이 있다.

의식은 일종의 극장이고 우리는 이 어두운 극장 안을 부유하는 이미지들을 바라보는 관객이다. 이 극장에서 상영되는 이미지들이 아무리 생생하고 강렬한 것이라 하더라도 그것이 극장 바깥의 실재를 올바르게 재현한 것인지 아닌지를 가늠할 길은 없다. 우리가 극장 바깥의 실재를 단 한 번도 경험한 적 없기 때문이다.

유아론적 사유는 바로 이 지점에서 싹튼다. 폐쇄적인 공간을 벗어날 그 어떤 출구도 찾지 못한 자아는 고립된 세계에 갇힌 채 자신에게 주어진 것들 이외를 부정하기에 이른다. 의식이라는 이 비좁은 공간으로부터 빠져나갈 방도가 없는 이상 의식 바깥의 실재가 무슨 의미가 있겠는가? 닿을 수 없는 실재를 상정하길 거부하고 차라리 주관에 주어지는 표상들만이 존재한다고 말하는 편이 합당하지 않은가?

나의 의식에 주어지는 표상들, 곧 이미지들만이 경험 가능한 것이라면, 그와 분리되어 있으나 그 원천이라 가정되는 실재를 확증할 수 있을 것인가? 이에 부정적으로 답하면서 의식과 의식에 주어지는 표상만이 있다고 결론짓는 주관적 관념론에 다다르게 되는 것은 특별히 불합리한 사고에 의한 것이 아니다. 유아론은 실재로부터 그것의 모사물인 이미지를 구분하고, 우리가 바라보는 모든 것이 이미지에 지나지 않는다고 간주한 근대 철학이 다다른 필연적인 귀결인 것이다.

물론 유아론자의 세계에도 이따금 희미한 놀라움이 찾아들 때가 있다. 나와 타인의 불일치를 경험하게 되는 순간이 그렇다. 아무리 사소한 것일지라도 나와 타인이 같은 것을 보고 서로 전혀 다른 감상을 가질 때, 나의 경험과 이질적인 타인의 경험으로부터 유아론적 세계는 더없는 충격을 받는다. 그 순간 찾아드는 것은 나의 세계와 다른, 너무나 낯설고 이질적인 타인의 세계가 있을지도 모른다는 자각이다.

그럼에도 이러한 경험이 나의 세계에 균열을 일으키는 일은 일어나지 않는다. 타인과 나의 조망의 차이가 증언하는 것은 기껏해야 '세계들'이 있다는 사실일 뿐이며, 개개의 세계들이란 결국 '이미지'들일 뿐이다. 이러한 이미지들의 배후에 실재의 권리와 자격을 가진 유일무이한 '세계'가 있다는 사실은 여전히 밝혀지지 않는다. 그래서 우리는 타인과 나의 의견이 다를 때가 아니라 일치할 때 오히려 더 크게 놀라는 것인지도 모른다. 실제로 우리는 타인이 나와 같은 것을 보고 같은 생각을 가질 때 경이로움을 느낀다. 이러한 드문 일치의 순간 우리는 내내 뒤집어쓰고 있었던 깜깜한 장막에서 잠시나마 벗어난 듯한 감각에 사로잡히고, 내가 대면했던 것들이 실재였는가를 되묻게 되는 것이다.

그러나 진실을 말하자면 차이도 동일성도 결코 유아론적 세계를 훼손시키지는 못한다. 나와 같거나 다른 이 타인의 세계가 너무나 손쉽게 나의 세계로 환원되기 때문이다. 타인의 고통, 타인의 감각, 타인의 생각은 오직 '나는 생각한다'라는 형식을 통해 제한적으로 나타난다. 나와 생각이 같든 다르든 간에 타인의 생각은 내 의식의 극장 내에 찾아드는 표상의 모습으로 출현한다.

데카르트와 흄은 우리가 세계를 대면할 때 마주하는 것이 실재로서의 세계 자체가 아니라 주관에 주어진 표상일 뿐이라고 생각했다. 그리고 바로 이와 같은 표상주의적 사고의 한계를 보여 주는 것이 지각과 상상의 혼동이라는 문제이다. 꿈과 현실의 구별 불가능성 문제와 기억과 상상의 혼동 문제는 우리가 표상의 형태로 실재를 인식할 수밖에 없다는 공통 전제에서 나온다. 우리에게 실재가 단지 주관적 표상의 형태로 주어진다면, 실재에 대한 지각과 비실재로서의 상상을 구분할 어떤 분명한 기준도 결코 찾을 수 없을 것이기 때문이다.

지금까지 이미지 탐구의 여정에서 우리가 발견한 것은 이 표상주의적 사유의 핵심이 이미지에 대한 부정적 관념이라는 사실이다. 그런데 엄밀히 말해 데카르트와 흄은 이러한 관념을 창안했다기보다는 내면화했을 뿐이다. 이미지가 대상에 관한 참된 인식을 가로막는 가상이자 오류의 원천이라는 관념은 근대 이전으로 거슬러 올라가는 더 오래된 역사를 가지고 있다. 철학의 기원으로 일컬어지는 기원전 고대 그리스로 가 보자.

3장

플라톤의
동굴

근대 철학의 경험론과 합리론에서 공통으로 이미지에 대한 부정적 선입견이 발견된다. 전통적인 철학적 개념을 통해 말하자면 '오표상'의 문제라 할 수 있다.

우리가 경험하는 것은 세계 그 자체가 아니라 표상으로 주어진 세계이다. 그런데 우리가 마주하는 것이 실재가 아니라 실재의 표상일 뿐이라는 가정은 주관에 주어지는 표상과 그것 바깥의 대상이 일치하는가의 문제를 만든다. 이 문제는 다음과 같은 물음으로 표현된다. 우리 의식에 주어진 표상은 의식 바깥의 실재를 올바르게 재현한 것인가? 표상과 대상 간의 일치는 어떻게 보증되는가? 내 의식에 주어진 표상이 실제 대상을 올바르게 재현한 것임을 알 수 있는 방법은 무엇인가?

거짓된 표상으로부터 참된 표상을 분별하기 위한 방법으로 데카르트와 흄은 표상의 힘과 생생함에 주목했다. 표상이 가지는 강렬함과 생생함이 곧 실재의 징표라는 것이다. 흄은 기억과 상상의 차이에 관해 다음과 같이 쓰고 있다.

> 기억과 상상력의 차이는 기억이 갖는 탁월한 **힘**이나 **생동성**에 있다고 결론 내릴 수 있다. 어떤 사람은 과거의 어떤 모험 장면을 가상하는 공상에 몰입할 수도 있다. 상상력의 관념이 기억의 관념보다 더 희미하고 모호하지 않다면, 아마 유사한 종류의 기억과 이러한 공상을 구별할 수 있는 가능성은 전혀 없는 것 같다.(『논고』, 104)

여기에서 흄은 상상의 관념과 기억의 관념이 힘과 생동성의 측면에서 차이가 나며, 이것 이외에 양자를 구별할 수 있는 어떤 방법도 없다고 말한다. 그러나 이로부터 생생함과 강렬함이 기억과 상상을 구별하는 적절한 기준이라는 결론을 이끌어 내서는 안 된다. 흄이 강조하는 것은 생생함이라는 이 모호한 특성이 기억과 상상을 구분 짓는 데 결코 적절한 기준이 될 수 없음에도 '생생함 이외에 의존할 수 있는 어떤 방법도 없다'는 사실이다. 흄이 회의주의적 결론으로 나아간 것은 바로 이 때문이었다. 우리의 경험에 주어지는 것은 실재가 아니라 오직 이미지들일 뿐인데, 이 무수한 이미지들 가운데 무엇이 실제 지각으로부터 유래한 기억이며 무엇이 순전한 허구에 불과한 상상인지를 분간할 근거가 없다. 실제와 가상을 분별할 수 없다는 오표상의 문제에 봉착하여 흄은 인식론적 회의를 선언할 수밖에 없었던 것이다.

그렇다면 올바른 표상과 거짓된 표상을 구별할 방법은 존재하지 않는가? 이에 답하기에 앞서 우리의 탐구 주제인 이미지가 비단 표상의 문제에 제한되지 않는다는 사실을 지적하고 싶다. 이미지에 관한 부정적 관념의 기원은 근대 이전으로 거슬러 올라간다. 바로 이 장에서 살펴볼 플라톤의 대화편이다.

크라틸로스 찾기

고대 그리스의 철학자 플라톤의 저작은 여러 대화 상대자들이 이야기를 주고받는 형식으로 구성되어 있기에 흔히 대화편이라 불린다. 그런데 실제로 이야기를 주도하는 것은 플라톤의 스승인 소크라테스이며, 몇몇 대화편에서는 플라톤이 등장하지도 않는다. 대화편에서 플라톤은 소크라테스라는 인물을 통해 자신의 이야기를 전달한다. 소크라테스의 말이 플라톤의 본심인지 아니면 표현된 것과 다른 함축을 가지는 것인지는 종종 분명하지 않다.

　중기 대화편인 『크라튈로스』는 부제 '이름의 올바름에 관하여'로부터 알 수 있듯 언어의 문제를 다룬 작품이다. 이 대화편에서 중심이 되는 것은 크라튈로스와 헤르모게네스 사이의 논쟁으로, 두 사람은 '이름의 올바름이 자연적인 것인가 아니면 사회적 합의나 관습에 의해 만들어지는 것인가'를 논한다. 소크라테스는 중재자의 입장에서 이들의 대화에 참여해 이름이 사물에 대해 '모방'의 관계에 있음을 지적한다. 플라톤은 다음과 같이 쓰고 있다.

　이미지는, 그것이 이미지이려면, 이미지가 묘사하는 대상의 성질 모두를 이미지에 배정해서는 결코 안 되네. 내 말에 일리가 있는지 살펴보게. 다음과 같은 경우에 크라튈로스와 크라튈로스의 이미지, 이 두 가지 사물이 있는 걸까? 어떤 신이 자네의 빛

깔과 모습을 마치 화가들처럼 재현할 뿐 아니라 속의 것들까지도 모두 자네의 것과 똑같이 만들어서, 부드러움도 따뜻함(체온)도 똑같이 배정하고, 운동도 혼도 분별도 자네에게 있는 것과 똑같게 해서 넣는다고, 한마디로 자네가 가진 모든 것의 복제를 자네 곁에 놓는다고 해 보세. 이때 크라튈로스와 크라튈로스의 이미지가 있는 걸까, 아니면 두 크라튈로스가 있는 걸까?[1]

인용된 구절에서 소크라테스는 '크라튈로스와 크라튈로스의 이미지를 어떻게 구분할 수 있는가'라는 문제를 제기한다. 이는 근대 합리론과 경험론이 마주했던 지각과 이미지 구분 문제의 원형이라 할 수 있다. 실제의 크라튈로스와 그것을 모방한 크라튈로스의 이미지를 어떻게 구분할 수 있는가? 흥미롭게도 플라톤이 이미지의 정의를 이끌어 내는 것은 바로 이 물음을 통해서이다. 실재와 이미지가 구분되기 위해 둘 사이에는 차이가 있어야 한다. 만일 이미지가 실재의 모든 성질을 갖춘다면, 이미지

1   플라톤, 김인곤·이기백 옮김, 『크라튈로스』, 아카넷, 2021, 131
     ~132쪽.(Kra.: 432b~c)

와 실재는 결코 분간될 수 없기 때문이다.

물론 이미지는 그것이 무엇에 대한 이미지인한 그 대상을 닮은 것이다. 크라튈로스의 이미지는 크라튈로스를 닮은 것이다. 하지만 동시에 이미지는 실재의 모든 것을 갖추어서는 안 된다. 이미지는 실재를 닮은 모사물이되, 실재의 모든 측면을 완벽하게 갖추지 않은 불완전한 모사물이어야 한다. 다시 말해 이미지가 이미지로 규정되는 것은 그것의 기준이 되는 원본에 미치지 못하는 것인 한에서이다. 이렇듯 이미지가 원본의 '불완전한 모사물'이기에, 실재와 이미지를 구분하는 문제는 진짜와 가짜를 구분하는 문제가 된다. 크라튈로스와 크라튈로스의 이미지 구분하기는 '진짜' 크라튈로스 찾기가 되는 것이다.

그런데 진짜 크라튈로스와 가짜 크라튈로스를 어떻게 구별할 수 있을까? 단지 크라튈로스와 크라튈로스의 이미지가 '다르다'는 사실만으로는 무엇이 실재이고 이미지인지를 판단할 수 없다. 그렇다면 원본과 가상을 구분하는 기준은 무엇인가?

물에 비친 상

플라톤에게 이미지는 원본에 미치지 못하는 것으로 규정된다. "상은 상이 묘사하는 대상과 똑같은 성질은 갖지 못한다."[2] 이미지란 원본을 모방한 것이지만 언제나 불완전한 모방을 가리키는 것이다. 그런데 불완전한 모방이란 도대체 어떠한 것인가? 이미지와 실재의 근본적 차이가 무엇인지, 나아가 가상과 실재를 구별하는 방법이 무엇인지는 『국가』에서 제시된다.

　『국가』 제6권에서 플라톤은 '선분의 비유'를 통해 앎의 대상들과 각 대상에 대응하는 앎의 단계들을 구분한다.(509d~511e) 우리가 알고 있는 모든 것을 하나의 선분에 그린다고 해 보자. 이 선분은 우선 '지성에 의해 알려지는 것'과 '감각에 의해 알려지는 것' 두 부분으로 나누어 볼 수 있다. 플라톤에 의하면 진정한 의미에서 실재라 할 수 있는 것은 지성에 의해 알 수 있는 것인 이데아(idea)들 또는 형상(形相)들이다. 그렇다면 선분의 다른 부분은 어떠

2　플라톤, 김인곤·이기백 옮김, 『크라튈로스』, 아카넷, 2021, 132쪽.(Kra.: 432d)

한가? 감각에 의해 알려지는 대상들은 이데아를 모사한 것이지만, 시간의 흐름에 따라 변화하며 소멸하는 것이다. 바로 이러한 점에서 감각적인 것은 가상으로 간주된다. 플라톤에게 실재란 늘 같은 방식으로 변함없이 존재하는 것이며, 운동·변화하는 모든 것은 불변하는 이데아의 그림자에 불과하기 때문이다. 그렇기에 감각에 의해 알려지는 것에 대한 앎은 결코 진정한 앎이 아니다. 기껏해야 불명확하며 확실성이 결여된 의견(doxa)에 지나지 않는다.

이렇듯 선분의 분할을 통해 가지적(可知的) 실재와 가시적(可視的) 현상의 영역이 나누어진다. 실재는 감각을 통해 경험되는 현상의 세계 저편에 있으며, 오로지 지성에 의해서만 도달할 수 있다. 이와 대조적으로 경험하는 모든 대상은 지성적 직관의 대상인 실재를 모사한 사본에 불과하다. 그런데 플라톤은 이렇게 분할된 세계를 다시 한 번 재단한다. 선분의 첫 번째 분할을 통해 지성을 통해 알려지는 실재와 감각을 통해 알려지는 현상의 영역이 구분되었다면, 이번에는 현상의 영역 내에서 두 번째 분할이 이루어진다.

내가 말하는 영상(모상)들이란 먼저 그림자들이고,

그다음으로는 물에 비친 상들과 조밀하며 매끄럽고 광택이 나는 것들의 표면에 이루어진 상들, 그리고, 자네가 이해한다면, 그와 같은 모든 것일세. …… 나아가 다른 한 부분은 이 영상들이 닮아 보이는 것, 즉 우리 주변의 동물들과 모든 식물 그리고 인공적인 일체의 부류로 간주하게.[3]

여기에서 이미지는 영상으로, 곧 희미한 그림자, 물에 비쳐 어른거리는 상, 매끄럽고 광택이 나는 사물의 표면에 반사된 얼룩과 같은 것으로 예화된다. 영상(eikon)이라는 말의 어원이 eoiken(닮아 보이다)이듯, 이미지는 실물을 모사한 것으로 규정된다. 감각적 사물들이 가지적 형상의 모사물이라면, 이미지는 형상을 모방한 결과물인 감각적 사물들을 다시 모방한 산물이다. 말하자면 가상의 가상인 것이다.

감각적인 현상들은 끊임없이 변화하고 덧없이 소멸한다. 그렇다면 이미지는 어떠한가? 인용된 구절에서 보듯 이미지는 불명확한 것으로 구분된 '눈에 보이는 부류' 중에서도 한층 더 불확실한 것이

---

3   플라톤, 박종현 역주, 『국가』(서광사, 2005), 440쪽.(510a)

다. 감각적 실물들에 대응하는 주관의 상태가 믿음인 것과 달리, 이미지가 상상과 짐작의 대상으로 이해되는 것은 바로 이 때문이다.

그런데 플라톤에게 이미지의 문제는 주관적 차원의 인식론적 가상의 문제에 그치지 않는다. 이미지와 실재는 이미 존재론적 차원에서 근본적인 차이를 가진다. 이미지가 올바른 인식을 가로막는 가상인 까닭은 이미 존재론적 차원에서 열등한 존재자이기 때문이다. 선분의 비유는 진리에 관여하는 정도에 따라 앎의 대상들을 위계적으로 배열하는데, 이미지는 이 선분의 말단에 놓인다.

이제 가상과 실재를 구별하는 방법이 주어졌다. 물론 기준이 되는 것은 모든 존재하는 것들의 모범이자 원형인 이데아이다. 오로지 이데아만이 진정한 의미에서 실재한다. 그것을 모방한 모든 감각적 사물 및 그것을 재차 모방한 존재자인 이미지는 가상이다. 정확히 말해 플라톤이 관심을 두는 것은 '가상과 실재를 어떻게 구분할 수 있는가'의 문제가 아니다. 실재가 가상과 다르다는 사실은 너무나 당연하기에, 플라톤이 묻는 것은 오히려 '우리가 왜 가상과 실재를 혼동하게 되는가?'이다. 양자의 근본적 차이에도 불구하고 가상을 실재로 착각하게 되는 이유는 무엇인가? 마침내 우리는 어두운 동굴 입구에 서게 된다.

동굴 이야기

이미지란 무엇인가? 플라톤에 의하면 이미지란 희미한 그림자, 물에 비쳐 어른거리는 상, 매끄럽고 광택이 나는 사물의 표면에 반사된 얼룩과 같은 것들이다. 한없이 불명확하며 한없이 가벼운 것들, 손짓 한 번 혹은 한 차례의 눈 깜빡임에 사라져 버릴지도 모르는 것들이다. 우리가 보고 듣는 모든 것들이 한낱 가상에 지나지 않을지도 모른다는 이 뿌리 깊은 불안은 무슨 의미인가?

이미지에 관한 사유의 바탕에는 모종의 불안이 자리하고 있다. 언제부터 그리고 어디로부터 유래했는지 뿌리를 알 수 없는 이 불안은 우리가 실재를 마주하지 못하는 것인지도 모른다는 의심과 나란히 있다. 이 실재에 대한 인식론적 불안의 가장 오래된, 다소 그로테스크한 일례가 『국가』 제7권에 남겨진 플라톤의 동굴의 비유일 것이다.(514a~520a)

이 기묘한 이야기는 어둠에 잠긴 동굴을 배경

으로 펼쳐진다. 그곳에는 일평생을 동굴의 빈 벽만을 바라보도록 사지가 구속된 사람들이 있다. 그들은 벽 위로 비치는 그림자들을 바라보며 살아간다. 그들이 볼 수 없는 등 뒤에는 불꽃이 있다. 불꽃 앞으로 사물들이 지나가며, 바로 이 사물들에 의해 그림자가 만들어진다. 그러한 사실을 알 리 없는 사람들은 사물들이 아닌 그림자들에 이름을 붙이고 그것을 실재라 믿는다.

이 이야기에 따르면 철학자란 동굴에서 해방되어 벽에 비친 그림자가 실재가 아니라는 사실을 깨달은 죄수이다. 물론 이 비유는 너무나 오래된 농담이고, 고대인들만이 이해하는 한낱 알레고리일 뿐인지도 모른다. 그러나 정말로 이 이야기는 너무나 오래된 탓에 이제 시효가 만료된 것인가? '어두운 동굴 속 벽면 위로 어른거리는 그림자'라는 이 최초의 기괴하고 불온한 표상은 그토록 오랜 시간이 흘러왔음에도 낡지도 빛이 바래지도 않은 채 우리의 현실 인식에 내내 영향을 미치고 있는 것이 아닐까?

'우리가 마주하고 있는 것이 한낱 이미지는 아닌가?' 하는 물음의 이면에는 늘 '우리가 실재를 인식하고 있는 것이 확실한가?' 하는 불안이 있다. 그리고 이미지에 관한 부정적 시각은 비단 고대인들만이 공유했던 것이 아니다. 실재에 대한 인식을 방해하는 이미지를 터부시하는 경향은 철학의 전 역사를 통해 다양한 방식으로 표현되어 왔다. 예컨대 그것은 상상지에 대한 스피노자의 불신으로, 순수한 선험적 인식에 대한 칸트적 열망으로 나타났던 것이다.

언제인지 알 수 없는 까마득한 과거에서부터 현상과 본질 사이에는 괴리가 있었다. 실재에서 파생되었으나 그것을 모범적으로 닮지 못한 대상에 붙여지는 명칭이 바로 이미지였다.

철학의 본령은 헛된 가상에 불과한 이미지에 현혹되지 않고 동굴 밖으로 나가서 보다 고차원적 실재를 이해하는 것이다. 철학의 역사는 고대에 플라톤이 설정한 바로 이와 같은 과업을 다소간 충실히 이행해 온 것이라 할 수 있다. 그러나 철학자들이 그들의 소명을 충실하게 따라 온 동안 이미지에 관한 부정적 관념 또한 비판적으로 검토되지 못한 채 고스란히 계승된 것이 아닐까? 바로 그러한 점에서 아이러니하게도 우리는 '플라톤의 방식으로 규정된 이미지'를 단 한 번도 반성적으로 성찰하지 않은 채로 동굴에 갇혀 있었던 것 아닐까? 그러니까 우리의 손과 발을 묶어 우리를 죄수로 만들었던 것은 이미지에 관한 왜곡되고 굴절된 편견이 아니었을까?

동굴 밖으로
나가라는 잔소리

오늘날의 세계는 이미지로 가득 차 있다. 버스와 지하철, 식당과 학교, 관공서와 병원에 이르기까지 모든 곳에 스크린이 있다. 사람들은 인터넷 뉴스의 사진과 영상을 통해 오늘의 사건들을 확인하고, 내비게이션 화면의 이미지를 따라 도로를 달린다. 그럼에도 이미지에 관한 오래된 편견은 사라지지 않는다. 여전히 스크린 위의 이미지는 가상이며, 진정한 실재는 그 바깥에 있는 것으로 간주된다.

기술의 발전이 가속화됨에 따라 가상은 점점 더 삶 속에 깊숙이 침입하여 현실적인 것과 뒤섞이고 있다. 더군다나 팬데믹 이후 우리는 스크린의 매개를 통해 직접적인 접촉 없이도 타인과 교류하는 일에 더욱 익숙해졌다. 또한 가상은 이처럼 실재를 매개하는 효용만을 가지지 않는다. 보다 흥미로운 것은 일차적인 원본이 존재하지 않는 종류의 가상들이다. 가령 가상 경제 속 가상 재화는 실재의 재화 못지않은 가치를 가지게 되었다. 이제 우리는 현실 속에서 실체가 존재하지 않는 게임 속 아이템 구매를 망설이지 않으며, 정보를 저장하기 위한 클라우드를 사용하기 위한 지출에도 익숙해졌다.

그럼에도 가상에 관한 불신은 쉽게 사라지지 않는다. 어째서인가? 고대의 비유에서부터 이미지에 대한 의심은 여전하고, 설상가상으로 실재와 이미지가 구분되지 않는다는 불안은 나날이 증대한다. 불안은 타인에 대한 경멸로 손쉽게 뒤바뀐다. 이를테면 "나가서 사람을 좀 만나."라는 핀잔. 매체 속의 가상적 현실에 빠져 있지 말고 현실로 나가 실제 세상이 어떻게 돌아가는지를 좀 보라는 것만큼 진부하기 이를 데 없는 표현이 또 있을까? 일찍이 플라톤은 우리를 현혹시키는 이미지로부터 벗어나 동굴 바깥으로 나가 눈부신 태양을, 곧 무시간적인 본질을 가진 영원의 상인 이데아를 관조해야 한다고 역설했다. 고대로부터 이어져 내려온 '동굴 밖으로 나가라'는 잔소리가 오늘날까지 반복되고 있다.

그런데 온라인 세계에 빠진 이들이 정말로 쓸모없는 것에 시간을 낭비할 뿐인 현실 부적응자일까? 이미지를 원본과 사본의 이분법에서 해방시킬 이미지에 대한 다른 생각은 없는 걸까?

2부

이미지는
자유다

"이미지는 하나의 행위이지
사물이 아니다."
— 장폴 사르트르, 『상상력』

4장   사르트르의
         이미지 철학

이미지에 관한 근대의 사유가 1장에서 살펴본 데 카르트와 함께 시작했다면, 현대 철학을 대표하는 사람은 사르트르(Jean-Paul Sartre, 1905~1980)이다. 왜 사르트르인가?

사르트르는 20세기 프랑스 철학계를 주도한 인물로, 당대의 프랑스 철학은 물론이고 이후의 현대철학에도 큰 영향을 미친 철학자이다. 구조주의, 후기구조주의, 해체주의와 같은 모든 현대사상은 승인하든 부인하든 간에 사르트르 철학의 영향하에 놓여 있다.

특히 사르트르는 최초로 '이미지'를 주제로 한 철학적 탐구를 수행하는 가운데, 플라톤 이래 전통 철학이 무비판적으로 답습해 온 가상으로서의 이미지 관념에 문제를 제기했다. 그 물음은 다음과 같은 것이다. 왜 우리가 대면하는 것은 실재가 아니라 그것의 그림자인가? 우리에게 주어지는 세계와 구분되는 진정하고 참된 세계가 있다고 여겨야 할 이유가 무엇인가?

사르트르를 추동한 것은 내면을 벗어나야 한다는 문제의식이었다. 1939년에 발표한 논문에서 사르트르는 이렇게 썼다.

> 우리가 자신을 발견하는 것은 나에게 알려지지 않은 어떤 은신처 '안'에서가 아니다. 우리는 길 위에서, 시내에서, 군중들의 한가운데에서 사물들 사이의 사물, 사람들 사이의 사람으로 자신을 발견한다.[1]

기존 철학은 의식을 일종의 공간으로 이해하고, 그러한 의식 내에 온갖 표상들과 관념들을 집어넣었다. 대표적인 것이 바로 '나'라는 관념이다. 사르트르의 최초의 저작인 『자아의 초월성』(1935)은 이와 같은 전통적 선입견에 대항한다. 『자아의 초

1   Jean-Paul Sartre, "Une idée fondamentale de la phénomé-
      nologie de Husserl, l'intentionnalité", *Situations, 1*(Paris:
      Gallimard, 1947), p. 32.

월성』이 '나'가 의식 안에 있지 않으며 세계의 다른 사물들과 마찬가지로 의식 밖에, 곧 세계에 있다는 사실을 보여 준다. 이어서 『상상력』(1936)과 『상상계』(1940)는 '이미지' 역시 의식 안에 있지 않다는 사실을 밝힌다.

의식의 지향성

철학자들은 오랫동안 이미지를 의식 내에 위치한 외부 대상의 모사물과 같은 것으로 간주해 왔다. 그러나 이미지는 의식의 '대상'이 아니라 의식의 '활동'이다.

사르트르 이미지 이론의 핵심을 이루는 이 주장은 후설 철학을 바탕으로 이해되어야 한다. 사르트르가 후설 현상학에서 주목한 것은 무엇보다도 의식의 지향성(intentionnalité)이라는 관념이다. 철학적 과제와 대결했던 후설은 모든 지향적 체험은 자신의 지향적 객체를 가진다고 말한다. 사르트르는 이를 "모든 의식은 무엇에 관한 의식이다."라는 문장으로 정식화한다.

의식은 늘 무엇인가를 지향하는 본성을 가진다. 의식은 순전한 활동일 뿐이다. 의식을 그것 내부에 표상들이 놓이는 공간 같은 관념으로 오인해서는 안 된다. 의식의 '내부'란 없다. 의식이 지향적으로 관계하는 의식의 대상은 늘 의식 바깥에 있다. 그렇기에 전통 철학이 가정하는 의식 내부에 위치하는 표상으로서의 이미지 관념은 순전한 허위이다. 지각, 사유와 마찬가지로 상상은 의식이 대상을 지향하는 활동의 한 양상이다. 이미지는 대상을 상상의 방식으로 겨냥하는 의식의 활동 방식이다.

전통 철학은 우리가 대상 그 자체를 경험할 수 없으며, 우리가 경험하는 것은 오직 대상으로부터 유래한 표상들일 뿐이라 말해 왔다. 그런데 의식의 본성이 지향성이라면, 의식은 자신의 바깥에 있는 대상과 직접 관계하는 것이 된다. 이제 의식은 어떤 매개도 경유하지 않는다. 표상으로서의 이미지란 불필요한 고안물일 뿐이다.

사르트르는 후설 현상학의 근본 전제인 의식의 지향성에 착안하여 자신의 독창적인 이미지 이론을 수립한다. 그렇다면 이때 의식이란 폐쇄적인 내면, 유아론적인 자아와는 어떻게 다를까? 후설을 비판하는 사르트르를 따라가 보자.

하나의 그림, 두 가지 의식

『이념들』에서 후설은 뒤러의 동판화 「기사와 죽음
과 악마」를 분석한다. 분석의 요지는 동일한 물질
적 소재에 대해 지각과 상상이라는 서로 다른 의식
의 활동이 이루어질 수 있다는 것이다.

　의식은 하나의 물질적 대상인 동판화에서 서

로 다른 지향적 활동을 수행할 수 있다. 이 그림을 '정상적 지각'의 방식으로 겨냥할 경우 동판화는 단지 종이라는 사물로 나타난다. 우리는 흰 종이 위를 불규칙적으로 뒤덮은 검은 선들을 바라보게 된다. 혹은 같은 그림이 '미학적 관조' 속에서 겨냥될 수도 있는데, 이때 우리의 의식에 지향적 대상으로 나타나는 것이 말을 타고 있는 기사이다. 요컨대 하나의 그림은 지각 의식이 관계하는 대상이 될 수도 있고, 상상 의식에 의해 겨냥될 수도 있다.

지각과 상상의 차이는 동판화라는 물질적 소재에 있지 않다. 우리는 같은 하나의 사물을 지각의 방식으로 지향할 수도 있고 상상의 방식으로 지향할 수도 있다.

> 분명히 우리가 기사와 죽음과 악마의 미학적인 출현을 구성하기 위해 포착한 '질료'는 의심의 여지 없이 판화집의 종잇장에 대한 순수하고 단순한 지각 속에서와 똑같은 것이다.[2]

전통 철학은 이미지와 지각을 구분하기 위해

---

2 장폴 사르트르, 지영래 옮김, 『상상력』(기파랑, 2010), 212쪽.

'외적 측면'에 의존한다. 대상의 생생함과 강렬함을 기준으로 양자를 구별하려 한 데카르트와 흄의 시도가 그 전형적인 사례라 할 수 있다. 이와 달리 뒤러의 동판화를 분석하는 후설은 질료 차원에서 이미지와 지각을 구분할 수 없다는 사실을 드러내 보이며 "이미지와 지각의 내재적 구별"(『상상력』, 212)의 단초를 마련한다. 물질적 측면에 대한 분석만으로는 이미지와 지각을 구분할 수 없다. 하나의 동일한 물질적 소재인 동판화가 지각 의식과 상상 의식 모두의 대상이 될 수 있는 이상, 관건이 되는 것은 물질이 의식에 의해 활성화되는 양상이다. 지각과 상상의 차이는 사물이 아니라 의식의 지향적 구조에 대한 분석을 통해 규명되어야 하는 것이다.

사르트르는 이미지와 지각의 차이를 의식 내적 차원에서 규명하려 했다는 점에서 후설이 기존 철학에 비해 진일보했음을 인정한다. 동시에 후설의 설명이 여전히 불충분하다고 지적한다. 후설이 지각 또는 상상의 방식으로 대상을 지향하는 의식의 지향성을 제시하는 데에서 멈춰 섰기 때문이다. "그러나 이미지의 지향이란 어떤 성질을 가지고 있는가?"(『상상력』, 214)

상상 의식과 지각 의식의 차이는 무엇인가? 질

료적 차원에서 차이가 발견될 수 없다면 차이는 의식의 지향적인 구조 속에서 발견되어야 한다. 그렇기에 요구되는 것은 지각 의식과 구분되는 상상 의식의 고유한 본성에 대한 연구이다. 그러나 『상상력』은 이러한 연구의 필요성을 역설할 뿐 새로운 이미지 이론에 대한 본격적인 논의를 개진하지는 않는다. 후설의 이미지 이론의 한계를 넘어 사르트르가 자신의 이미지 이론을 전개하는 것은 『상상계』이다.

존재와 '무'

『상상계』에서 사르트르는 후설이 해명하지 않고 남겨 두었던 문제에 답하면서 자신의 고유한 이미지 이론을 구축한다. 사르트르에 따르면 상상 의식 고유의 소재는 바로 무(néant)이다.

　지각, 상상, 사유와 같은 의식 활동은 각각 상관적인 대상의 존재를 서로 다른 양상으로 정립한다. 지각하는 의식 활동의 지향적 대상이 지금 이곳에 현존하는 것이라면, 상상하는 의식의 지향적 대상은 지금 여기에 현전하지 않거나 그 어디에도 존재하지 않는 것으로 정립된다. 핵심은 상상이 무화의 힘을 가진 활동이라는 점이다. 상상하는 의식은 지향적 대상의 존재를 겨냥하면서 무화하는 의식이다. 바꾸어 말하자면 상상 의식의 고유한 질료는 무인 것이다.

상상 의식에 의해 무화되는 것은 무엇인가? 지각 의식이 겨냥하는 실재이다. 바로 여기에서 사르트르의 이미지 이론은 후설과 차이를 드러낸다.

> 이미지를 정립하는 일은 실재의 전체성 외부에 대상을 구성하는 일이고, 그러므로 그것은 거리를 두고 실재를 지탱하는 일이고, 그것을 초월하는 일이며, 요컨대 실재를 부정하는 일이다.[3]

사르트르는 상상 의식을 무화하는 힘으로, 곧 부정성으로 규정한다. 무언가를 상상한다는 것은 지각 의식에 의해 겨냥된 실재에 거리를 두고 그로부터 벗어나는 것이다. 상상 의식의 본질적 특성을 부정성의 힘으로 규정한다는 점에서 사르트르의 이미지 이론은 후설과 분명한 차이를 드러낸다. 사르트르는 지각과 상상의 관계를 상호 배타적인 것

---

3   장폴 사르트르, 윤정임 옮김, 『상상계』(기파랑, 2010), 326쪽.

으로 이해한다. 상상은 더 이상 지각으로부터 파생된 능력이 아닌 것이다.

『상상계』에서 지속적으로 강조되는 것은 실재적인 것과 비실재적인 것, 즉 지각하는 의식과 상상하는 의식의 이원적 구도이다. 지각하거나 상상할 수 있을 뿐, 지각하는 동시에 상상할 수 없다고 말할 때 사르트르는 상상 의식에 근본적인 중요성을 부여하는 것처럼 보인다. 핵심은 상상 의식의 근본성이다. 사르트르는 상상한다는 것이 의식의 본질적이고 초월적인 조건이라고 말한다. 이미지 탐구의 여정에서 우리가 숙고해야 하는 것은 이 대목이다. 왜 의식이 작동하기 위한 근본 조건이 상상력이라는 것인가? 상상한다는 것이 도대체 무엇이기에?

상상한다는 것은 실재하는 것을 거슬러서 의도를 관철하려는 시도이다. 쉽게 이해할 수 있는 예로 사르트르는 상상이 일종의 어린애 같은 기도라고 말한다. 무언가를 상상하는 행위는 현실적 상황을 고려하지 않고 그것을 거스르고자 하는 어린아이 같은 바람이기 때문이다. 내가 누군가를 상상의 방식으로 떠올리는 것은 그가 지금 여기에 현전하지 않는 한에서이다. 상상한다는 것은 그가 지금 이곳에 있지 않음에도 그를 이곳에 현전시키려는 주술적인 시도이다. 상상한다는 것은 실재를 무화하는 일이며, 이는 곧 의식이 실재에 매몰되지 않고 분리되어 거리 두기를 할 수 있다는 사실을 의미한다.

바로 이런 의미에서 의식이 상상할 수 있다는 사실은 의식의 근본적 자유를 표현한다. 상상할 수 있기 위해 의식은 본성상 세계로부터 벗어날 수 있어야 하기 때문이다.

상상과 코기토

다음 문장을 들여다보자. "상상하지 않는 의식을 생각해 내는 일은 코기토를 실행할 수 없는 의식을 생각해 내는 일만큼이나 부조리하다.(『상상계』, 333~334) '코기토'를 거론하면서 사르트르는 자신의 상상력 개념을 통해 데카르트의 '생각하는 나'를 근본적으로 비판한다.

코기토의 조건 자체도 우선은 회의가 아닌가? 즉 실재를 세계로 구성하면서 동시에 바로 그 관점에서 세계를 무화하는 것 아닌가? …… 그러므로 우리는 결론을 지을 수 있다. 상상력은 의식에 쓸데없이 덧붙여진 경험적인 힘이 아니다. 그것은 자신의 자유를 실현하는 전적인 의식이다.(『상상계』, 330~331)

데카르트적 코기토의 조건이 바로 상상력이다. 이렇게 데카르트의 주장을 뒤집어 버리는 사르트르를 이해하기 위해 『성찰』을 다시 읽어 보자. 진리를 찾기 위해 데카르트가 모든 것을 철저하게 전복시키는 대목이다.

나는 이제 진리의 원천인 전능한 신이 아니라, 유능하고 교활한 악령이 온 힘을 다해 나를 속이려 하고 있다고 가정하겠다. 또 하늘, 공기, 땅, 빛깔, 소리 및 모든 외적인 것은 섣불리 믿어 버리는 내 마음을 농락하기 위해 악마가 사용하는 꿈의 환상일 뿐이라고 가정하겠다. 나는 또 손, 눈, 살, 피, 어떠한 감관도 없으며, 단지 이런 것을 갖고 있다고 잘못 믿고 있을 뿐이라고 생각하겠다.(『성찰』, 40~41)

데카르트의 방법론적 회의는 반사실적 가정인 '만일 ……이 아니라면'이라는 형식으로 표현된다. 이는 실재를 전복시켜 사고하려는 시도라는 점에서 상상력을 바탕으로 이루어진다. 이렇게 보자면 데카르트의 철학은 상상력에 근간을 두고 수립된 것이다. 데카르트의 탐구 방법인 회의는 모든 지식을 전복시키는 부정성의 의식을 요구하기 때문이다.

여기에서 불충분한 해석이라고 지적할 독자도 있을 것이다. 엄밀하게 말해 '데카르트적 회의의 조건'이 상상 의식이라는 것은 받아들일 수 있어도, '데카르트적 코기토의 조건'이 상상력이라는 사실은 여전히 납득할 수 없기 때문이다.

상상을 단지 지각에 비해 부차적인 지위를 가지는 것으로 이해한 후설에 대항할 때 분명 사르트르는 상상력을 의식의 본질적인 조건으로, 곧 코기토를 위한 조건으로 이해하고 있었다. 그렇다면 어떤 점에서일까? 이제 우리는 사르트르의 주저 『존재와 무』를 볼 때가 되었다.

5장

상상이란
무엇인가

코기토가 수립되기 위해 필수적인 조건은 자기 자신으로부터 거리를 두고 조망하는 의식의 존재이다. 말하자면 '생각하는 나'가 수립되기 위해서는 그것에 '대한' 의식이 있어야만 한다. 『존재와 무』에서 사르트르는 다음처럼 말한다.

> 비반성적인 의식이 반성을 가능하게 하는 것이다. 반성 이전의 코기토가 있고, 그것이 데카르트적인 코기토의 조건을 이루고 있다.[1]

---

[1]   장폴 사르트르, 정소성 옮김, 『존재와 무』(동서문화사, 2012), 23쪽.

이 '비반성적인 의식'이 바로 사르트르가 '반성되지 않은 의식', '비정립적 의식', '비명제적 의식'이라 부르는 의식의 가장 심오한 본성이다. 대상에 대한 정립적 의식은 늘 대상을 정립하는 의식 자신에 대한 정립되지 않은 의식을 동반한다. 그러므로 우리에게 대상에 대한 순수한 사유란 불가능하다. 우리에게는 늘 사유와 그 사유에 대한 의식이 동시에 주어질 수밖에 없기 때문이다.

> 어떤 인식하는 의식이 자기의 대상'에 대한' 인식이기 위해서 필요하고도 충분한 조건은, 이 의식이 이 인식인 동시에 자기 자신에 대한 의식이기도 해야 한다는 것이다.(『존재와 무』, 20)

대상에 대한 정립적 의식과 대상을 의식하는 자기에 대한 비정립적 의식은 항상 동반한다. 이와 같은 자기 의식의 관계는 의식의 '존재론적 대원칙'으로 규정되며, '자발성'의 진정한 의미는 의식이 바로 이런 방식으로 존재한다는 데 있다.

앞서 상상 의식의 핵심적 속성으로 거론된 부정성은 이제 자신에 대한 의식의 항구적인 불일치를 의미하는 것이 된다. 자기 자신과의 관계 속에서 늘 자신으로부터 이탈할 수밖에 없는 인간의 본성. 이것이 사르트르가 규정하는 대자(pour soi)의 본성이며, 인간이 자유롭다고 말할 때 자유의 진정한 의미이다.

그 자신으로 존재하는 즉자(en soi) 존재와 달리, 대자 존재는 언제나 무언가에 '대하여' 존재한다. 대자 존재로서 인간은 자기 자신과의 관계에서도 역시 그 자신에 '대하여' 있다. 이는 곧 우리가 자기 자신과 일치되지 않는 불안정성 속에서 그 자신이 아닌 것으로 존재한다는 의미이다. 이미지를 탐구하는 우리가 주목해야 할 점은 『존재와 무』에서 정교하게 정식화되는 이 대자적 본성의 단초가 상상력으로부터 발견되고 있다는 것이다.

의식적 존재의 근본적 특징은 상상으로부터 발견된다. 상상하지 않는 의식이란 생각할 수 없는 개념, 모순적인 개념이다. 실재를 거부하고 전복시키고자 하는 무화의 힘이라는 점에서, 상상은 실재로부터 벗어날 수 있는 초월의 역량인 자유와 동일하다. 자유란 의식이 실재에 거리 두기를 할 수 있는 능력과 같다. 더불어 실재를 지향적 대상으로 정립하는 활동인 지각은 바로 그러한 점에서 실재와 거리를 두고 조감하는 능력인 상상을 조건으로 가능한 것이다.

　물론 상상이란 늘 특정한 관점에서 실재를 무화하는 활동이라는 점에서 그것이 작동하기 위한 '상황'으로서의 실재를 전제한다. 상상은 아무 제약 없이 창공을 가로지르는 비둘기의 자유로운 유희가 아니다. 비둘기의 날개가 밀쳐 내는 공기처럼 실재 위에서만 상상이 가능하다.

　그럼에도 상상은 세계를 초월하는 행위이다. 대자적으로 존재하는 인간은 아무리 원할지라도 결코 즉자적으로 존재할 수 없다. 때로 우리는 자신의 선택에 어떤 결정적인 원인이 있다고 말함으로써 스스로를 결정론적 세계 내의 사물들로 고착화하려는 충동을 느낀다. 가령 내가 어떤 사건에 의해 너무 크게 분노해서 술을 마시지 않고는 어쩔 도리가 없었다고 해 보자. 하지만 그처럼 강렬한 분노에 휩싸일 때조차도 외면할 수 없는 사실은 분노에 가득 차 술을 마시기를 선택하는 자기 자신을 바라보는 의식이 있다는 것이다.

　비정립적 의식이란 이처럼 한 편의 연극을 바라보듯 스스로를 바라보는 의식에 붙여지는 이름이다. 끊임없이 자기 자신으로부터 벗어남으로써 자기 자신으로 고착화되기를 거부하는 의식. 이것이 바로 사르트르가 보여 주고자 한 상상 의식의 본질이다.

플라톤주의를 넘어서

이제 우리는 이미지를 가상으로 간주해 왔던 철학의 오래된 편견에 맞설 준비가 되었다. 플라톤의 이미지 이론의 핵심은 이데아를 적절하게 분유받은 모사물과 그렇지 못한 허상을 구별하는 것이며, 이미지란 부적격의 사본인 허상에 부여되는 명칭이었다. 사르트르가 『상상력』에서 수행한 작업들은 모두 플라톤으로부터 유래된 이미지에 관한 잘못된 사고방식을 비판하는 일이었다고 할 수 있다. "이미지에 대한 소박한 형이상학" 내지 "소박한 사물주의", "소박한 존재론"(『상상력』, 25~26)은 기각된다.

　　이미지의 대상은 지각의 대상과는 전혀 다른 존립 방식을 가지고 있다. 사르트르는 『상상력』을 시작하며 책상 위에 놓여 있는 실제 종잇장과 상상의 활동을 통해 떠올린 이미지 종잇장을 비교한다. 감각적 사물인 종잇장은 즉자적 존재의 특성인 타성(inertie)을 가진다. 이와 달리 이미지 종잇장은 자발성에 의해 존립한다. 이 상상적 종이는 그것을 겨냥하는 우리 의식의 활동이 중단되는 순간 사라진다. 이것이 바로 지각과 상상의 근본적인 차이이다. 기존 철학은 이미지와 지각의 이와 같은 본성상의 차이를 간과했기에 이미지를 일종의 오지각과 같은 것으로 간주해 왔던 것이다.

결국 플라톤의 동굴의 비유에서 이미지는 내가 보는 모든 것들이 한낱 허상에 지나지 않을지도 모른다는 불안의 표현과 같다. 사르트르의 이미지 이론은 의식의 본성이 무엇인가를 밝힘으로써 이 만성적인 불안으로부터 벗어날 방책을 마련한다.

의식은 무엇인가? 핵심은 더 이상 의식을 공간적인 사고 내에서 이해해서는 안 된다는 것이다. 의식은 외부세계의 다른 사물과 같지 않으며 그러한 사물이 위치하는 공간과도 다르다. 의식은 순전한 활동성으로 이해되어야 하며, 대상(Noema)을 지향하는 작용(Noesis) 그 자체가 의식의 본질인 것이다. 의식의 지향적 대상과 지향 작용 사이에는 더 이상 어떤 매개도 요구되지 않는다. '의식'을 (외부대상으로부터 산출된) 순전한 지향적 활동으로 이해함에 따라 '이미지' 역시 의식이 취하는 일종의 활동 방식으로 거듭나게 된다.

이미지란 무엇인가? 이미지는 '모방의 모방'을 통해 의식에 투영된 열등한 사물이 아니라, 의식이 대상을 지향하는 독특한 방식을 부르는 명칭이다. 우리는 눈앞에 있는 흰 종이를 지각의 방식으로 지향할 수도 있고, 눈을 감고 그 동일한 흰 종잇장을 상상의 방식으로 지향할 수도 있다. 지각의 대상인 종잇장과 상상의 대상인 종잇장은 동일한 본질을 공유한다. 그러나 이 양자의 존재 양상은 동일하지 않다. 상상적인 대상은 오로지 의식이 그것을 지향하는 한에서만 존립한다. 바로 이와 같은 점에서 상상적 대상의 존재 방식은 지각적 대상이 가진 즉자적 존속 방식인 타성과 대조된다. 주관은 지각적 대상 특유의 사물성과 마주할 때 수동적인 상태에 놓이는 것과 달리, 상상적 대상을 겨냥할 때 온전한 자발성 속에 있다.

그러므로 동굴의 벽면만을 바라보도록 구속된 죄수들에 대한 플라톤적 설명은 부적절하다. 상상하는 주체는 사지가 결박된 채 눈앞의 벽면에 어른거리는 비실재인 대상을 경험하는 수동적인 상태에 있기는커녕 지각의 경우보다도 한층 더 자발적인 방식으로 비실재적 대상을 파악한다. 플라톤과 사르트르에게 상상적 대상과 마주한 주관의 모습은 놀라우리만큼 서로 다르다.

베토벤을 듣는 시간

사르트르는 『상상계』의 결론 장에서 베토벤의 7번 교향곡을 듣는 사람들을 사례로 든다. 집에서 또는 연주회장에서 베토벤의 음악을 듣는 경험을 '상상' 하면서 따라가 보자.

> 나에게 그 '7번 교향곡'은 시간 속에 존재하지 않으며, 나는 그것을 시간이 정해진 하나의 사건으로, 예컨대 1938년 11월 17일 샤틀레 극장에서 연주된 음악 행사로 파악하지 않는다.(『상상계』, 340)

사르트르에게 7번 교향곡이 비실재적인 이유는 플라톤과 전혀 다르다. 7번 교향곡은 이데아라는 기준을 중심으로 한 존재론적 위계질서에 따라 비실재적인 것으로 '주어지는' 것이 아니라, 의식에 의해 비실재적인 것으로 '구성되는' 것이다. 지각이 실재와 관련한다면 상상은 비실재와 관계한다. 상상 작용은 언제나 실재의 세계를 무화하는 가운데 이루어진다. 교향악단의 연주를 감상하는 청중들을 묘사하는 대목이 이어진다.

어떤 사람들은 눈을 감고 듣는다. 이 경우 그들은 연주라고 하는, 시각적이고 날짜가 정해진 그 사건에는 무관심하다. 그들은 오직 순수한 소리에만 몸을 내맡기고 있다. 어떤 이들은 악단이나 지휘자의 등에 눈을 고정시킨다. 하지만 그들은 자신들이 바라보는 것을 전혀 보고 있지 않다. …… 사실 연주회장, 지휘자, 악단조차도 사라져 버렸다. 그러니까 나는 7번 교향곡과 마주하고 있지만 그것을 어디에서도 듣고 있지 않다는 조건에서, 그 사건이 현재 일어나고 있고 날짜가 정해진 것이라는 생각을 하지 않는다는 분명한 조건에서 마주하는 것이며, 연속되는 주제들을 실재의 연속이 아니라 절대적 연속으로 연주한다는 조건에서 마주하는 것이다.(『상상계』, 340~341)

주목할 것은 '눈을 감고 듣는다'는 표현으로부터 드러나는 이 감상 행위의 독특한 성격이다. 청중들은 눈을 감음으로써 불필요한 시각적 자극을 차단하고 7번 교향곡 연주에 집중한다. 그런데 그들이 이와 같이 몰입하여 닿고자 하는 것은 1938년

11월 17일 샤틀레 극장에서 이루어지고 있는 연주가 아니다. 청중들이 지향적으로 관계하는 것은 바로 그 장소에서 연주가 이루어지는 바로 그 순간 악단에 의해 공기 중으로 방출되는 청각적 질료들이 아니다. 청중들은 악단이 빚어내는 한 음절 음절을 경유하고 넘어서는 가운데 7번 교향곡을 지향한다. 샤틀레 극장에서 이루어지는 교향악단의 실제 연주는 청중들이 베토벤 7번 교향곡을 만나는 데 쓰이는 일종의 매개물인 것이다. 물론 실재하는 것은 샤틀레 극장에서의 교향악단의 연주이다. 청중들은 실재적으로 현전하는 그 연주를 매개로 삼아 지금 그곳에 현전하지 않는 7번 교향곡이라는 상상적 대상에 가닿는다.

관건은 지각적 대상과 상상적 대상을 구분하는 일이다. 음악에 대해 어떤 식견도 갖추지 못한 사람이라면 샤틀레 극장에서 동일한 공연을 감상할 때 교향악단의 연주를 지각의 방식으로 마주하게 될지도 모른다. 그에게는 찌르는 듯한 바이올린 소리와 부드럽게 선율을 뒷받침하는 베이스의 음색 하나하나가 새롭고도 놀라운 발견적 가치를 가지고 주어질 것이다. 이것이 지각적 대상에 대한 관찰이다. 작품에 대한 감상은 이와 다른 방식으로,

상상적 방식으로 이루어진다. 그렇지 않다면 우리는 어떻게 전혀 다른 장소에서 다른 관현악단에 의해 연주된 것이 이전과 동일한 7번 교향곡이라는 사실을 알 수 있겠는가? 혹은 어떻게 이 공연에서보다는 작년의 그 공연에서의 7번 교향곡이 더 잘 연주된 것이었다고 말할 수 있는가? 우리가 그와 같이 말하면서 염두에 두고 있는 '완벽하게 연주된 7번 교향곡'이란 무엇인가?

이 모든 물음들에 대한 가장 손쉬운 답변은 플라톤적인 것이다. 완전하고 모범적인 베토벤 7번 교향곡이 있으며, 바로 이 원형적인 모범적 표준이 있기에 우리는 서로 다른 곳에서 연주되는 서로 다른 공연을 감상하면서도 그 다양한 것들에 '7번 교향곡'이라는 동일한 이름을 붙일 수 있고, 표준과 가깝고 먼 정도에 따라 완전함과 모자람을 평가할 수 있다는 것이다.

사르트르의 답변은 이와 전혀 다르다. 사르트르는 단 한 번도 경험된 바 없으며 앞으로도 경험하지 못할 7번 교향곡의 원형이라는 미심쩍은 해결책을 받아들이지 않는다. 그러한 사변적 실재는 기껏해야 요청될 뿐 결코 정당화될 수 없다. 사르트르가 초점을 맞추는 것은 추상적인 형이상학적 실재가 아니라 구체적이고 생생한 경험이다. 사르트르는 7번 교향곡의 이데아라는 잉여적이며 초월적인 존재자를 상정하는 대신 의식의 서로 다른 두 활동인 지각과 상상을 구분함으로써 문제를 해결한다. 중요한 것은 실재와 그것을 바탕으로 구현되는 비실재로서의 이미지를 구분하는 것이다.

> 그것은 전적으로 실재를 벗어나 있다. 그것은 고유의 시간, 즉 내적인 시간을 가지며 그 시간은 알레그로의 첫 음에서부터 피날레의 마지막 음까지 흘러간다. 하지만 이 시간은 다른 시간에 뒤이어 있지 않다. 다른 시간이란 계속 이어질 것이며 알레그로의 공격 '이전'에 있었을 시간이다. 그리고 그것은 또한 피날레 '이후'에 오게 될 시간의 뒤를 잇지도 않는다. 7번 교향곡은 전혀 시간 안에 있지 않다. 그러므로 그것은 전적으로 실재를 벗어난다. 그것은 그 자체로 주어지지만 부재하는 것으로, 손 닿지 않는 곳에 존재하는 것으로 주어진다.(『상상계』, 341)

분명 상상적 대상의 본성은 비실재성이다. 7번 교향곡이라는 예술작품은 비실재성을 가진다. 그러나 이 비실재성은 더 이상 존재론적 위계에서의 열등성을 의미하지 않는다. 사르트르에게 지각의 대상과 상상의 대상은 동일한 본질을 공유한다.

우리는 샤틀레 극장에 앉아 주어지는 감각 자료들 하나하나를 지각의 방식으로 의식할 수 있다. 바로 그때 앞줄에 앉은 다른 관객의 옷깃에 묻은 먼지를 발견하고, 제일 앞줄에 앉은 바이올리니스트가 활을 당길 때마다 앞으로 발을 구르는 습관이 있다는 사실을 알아차리기도 하며, 콘서트마스터와 지휘자가 눈빛을 교환하는 순간을 포착해 내는 것이다. 이와 달리 우리는 그 모든 실재를 무화하는 가운데 상상 의식을 통해 예술작품과 만날 수도 있다. 마치 눈을 감고 있기라도 한 것처럼 지휘자가 입은 연미복의 옷깃이 엉망으로 구겨져 있었다는 사실을 볼 수 없게 되며, 이제 공연장의 천정과 벽면에 세공되어 있던 섬세한 장식이 어떤 것이었는지를 떠올리지 못한다. 우리가 관계하는 것은 지금 이곳에 현전하는 실재적 세계가 아니라 비실재적인 7번 교향곡이다. 그리고 이 상상적 대상은 특정한 시간과 공간을 점유하는 교향악단의 연주를 매개로 구현된다.

그 교향곡은 영원한 다른 곳, 영원한 부재로 주어진

다. 그것이 다른 세계에, 관념의 하늘에 존재한다고 …… 수많은 플라톤주의자들처럼 생각해서는 안 된다. 그것은 단지 ——이를테면 본질처럼—— 시간과 공간의 바깥에 있는 게 아니다. 그것은 실재의 바깥, 실존의 바깥에 있다. 나는 그것을 전혀 실재적으로 듣지 않으며, 상상적인 것 안에서 듣고 있다.(『상상계』, 342)

여기에서 사르트르는 부정성의 원리를 도입함으로써 플라톤적 체계를 전복시키고 있다. 상상적인 것의 핵심은 비실재성이며 그것은 실재를 거부하고 그것으로부터 벗어나고자 하는 의식의 부정성이다. 감각적인 존재자들이 있는 지각적 세계 이외의 초월적 세계가 있는 것이 아니라, 지각적 태도와 상상적 태도가 있을 뿐이다. 동굴의 안과 밖에 대한 구분은 이제 의식이 행하는 서로 다른 활동에 대한 구분으로 대체된다. 이로써 지각적 대상과 상상적 대상 사이의 우열의 관계는 폐기된다.

인간은 자유다

관건은 '다른 세계'가 아니라 의식이 취하는 '다른

태도'이다. 사지가 결박된 채 목조차 움직일 수 없도록 붙들린 동굴 속 죄수들의 모습은 명백히 플라톤이 본 인간의 모습이다. 어떤 의미에서 사르트르가 거부한 것은 바로 이와 같은 인간의 초상이었다고 말할 수 있다. 포박되고 구속된 죄수의 모습으로 형상화된 인간에게는 그 어떤 능동성도 활력도 없다. 그가 할 수 있는 유일한 일이란 그저 동굴의 벽면을 바라보는 일이다. 사르트르는 이렇게 수동적인 태도로 주어지는 것들에 순응하는 인간의 초상에 문제를 제기한다. 인간은 그 자신을 꼼짝할 수 없도록 구속하는 상황에서도 늘 그 상황으로부터 벗어나기를 선택할 수 있는 존재이다.

『존재와 무』에서 사르트르는 자유란 무엇인가를 설명하며 다음과 같이 쓴다.

> 우리는 '포로는 감옥에서 나가는 것에 대해 언제나 자유롭다'고는 말하지 않을 것이다. 그것은 불합리하다. …… 오히려 우리는 이렇게 말해야 할 것이다. '포로는 탈주를 시도하는 것에 대해 언제나 자유롭다.'——다시 말하면, 그의 상태가 어떻든 그는 탈주를 기투할 수 있고, 자신의 이 기도의 가치를 행동개시에 의해, 스스로 자신에게 알려 줄 수 있다.(『존재

와 무』, 791)

플라톤적 세계관이 표방하는 고정된 정적인 존재의 관념에 저항하는 사르트르는 무(無)로서의 인간의 본질을 내세운다. 인간은 무를 세계에 도래하게 하는 존재이다. 실재의 세계로부터 이탈하는 힘을 본성적으로 가지고 있기 때문이다. 이것이 바로 부정성으로서의 의식이다.

포로로 수감된 상황은 그 자체로 결정되어 있다. 사르트르가 인간이 자유롭다고 했을 때, 그것은 우리가 실제적 조건들로부터 벗어날 수 있다는 말이 아니다. 사르트르의 철학은 현실적 조건을 외면하는 정신 착란적 관념론이 아니다. 감옥에 갇힌 포로는 어떤 간절한 기도를 통해서도 그 상황을 벗어날 수 없다. 그러나 동시에 그는 언제나 감옥을 벗어나는 것을 상상할 수 있으며, 그러한 상상만큼은 어떤 외적 강압에 의해서도 제한되지 않는다.

우리는 질병을 앓고 있거나 가난할 수 있다. 그러나 우리는 언제든 가난과 질병이 없는 삶을 상상할 수 있다. 상상은 자기가 놓여 있는 조건과 상황으로부터 자신을 분리함으로써 그러한 상황을 타개하고 변화시킬 가능성을 형성한다. 특정한 자연적·사회적 현실 속에 내던져져 있는 한 우리는 자신의 타고난 신체적 조건을 변형할 수 없으며 태어날 때부터 속해 있는 계급에서 벗어날 수도 없다. 그러나 우리의 의식만큼은 결코 그와 같은 현실적 조건들에 의해 제한될 수 없다. 자신이 처해 있는 문제 상황을 자각하고 나아가 다른 삶을 상상하고 또 기투함으로써 우리는 언제든 그것을 넘어서고 개선하고자 하는 동기를 가질 수 있다. 바로 이러한 점에서 의식은 근본적으로 자유로우며, 상상은 이 자유의 표현과 같은 것이다.

의식은 사물과 같이 즉자적으로 굳어 있을 수 없다. 의식의 본성은 활동 중에 있다는 것이다. 선행된 고정된 본질은 없다. 불변 부동의 원형을 기준으로 한 존재론적 위계질서는 이제 의식 주체의 역동적인 활동성으로 대체된다. 의식의 본성인 부정성을 발견함으로써, 사르트르는 영원한 관념들이 존재하는 초월적 세계와 그를 모방한 감각적 사물이 존재하는 현상계라는 플라톤적 세계의 구분에서 벗어난 것이다.

피에르를 상상할 때

우리는 종종 지금 이곳에 있지 않은 누군가를 떠올린다. 이때 나는 상상의 방식으로 떠올리고 있는 누군가를 결코 잘못 지각한 대상으로 착각하지 않는다. 이 상상적 대상을 유지하기 위해 내 의식은 그것을 여기에 현전시키려고 지속적으로 노력해야 하며, 단 한 순간이라도 자발적 지향의 긴장이 흐트러진다면 이 대상은 순식간에 와해되어 자취를 감출 것이다. 말하자면 상상적 대상은 특별한 종류의 의식의 자발성에 빚지고 있는 것이다. 상상의 대상과 지각의 대상을 구분 짓는 가장 근본적인 차이가 이것이다.

지각의 대상들은 우리에게 어떤 우연한 조우로 주어지며, 계속되는 관찰에도 그것이 가진 새로움과 풍요로움은 결코 고갈되지 않는다. 매일의 삶은 예기치 않았던 마주침으로 가득하고, 우리는 익숙하다고 생각했던 대상에게서조차 이전에는 미처 찾아내지 못했던 자질들을 끝도 없이 발견하게 될 것이다. 그렇기에 우리가 기도하는 한에서만 나타나며, 모든 자질들을 이미 알고 있기에 어떤 새로움도 발견되지 않을 상상적 대상에 관한 경험은 지각의 경험과 근본적으로 다르다.

이미지와 지각이 혼동될 수 있다고, 다시 말해 상상하는 활동이 오지각의 경우와 구분되지 않을 위험성을 가진다고 주장했던 기존의 이미지 이론들은 무엇보다도 상상이 지각보다 더한 자발성을 요구한다는 사실을 간과했던 것이다.

사르트르는 피에르를 상상한다. 내 상상의 대상 피에르가 지금 여기에 있다. 테이블 맞은편 의자에 가볍게 걸터앉아 있는 피에르가 내게 여느 때와 같은 미소를 보내고 있다고 하더라도, 내가 그를 지각의 대상으로 착각한다는 것은 있을 수 없는 일이다. 나는 피에르가 지금 이곳이 아닌 다른 곳에, 파리에 있는 그의 집에 있다는 사실을 인지하는 한에서 지금 이곳에 피에르를 소환해 낸 것이다. 바꾸어 말하자면 지금 여기 나에 의해 소환된 피에르는 그가 지금 여기에 없다는 사실을, 즉 비실재성을 본성으로 갖는다.

이것이 우리가 상상 의식에 고유한 소재인 '무'라고 불렀던 것이다. 앞서 우리는 지각 의식과 구분되는 상상 의식을 무로 특징지었다. 상상은 '이중의 무화'를 경유한다. 피에르를 상상할 때 무슨 일이 일어나는가? 가장 먼저 세계를 피에르가 부재하는 하나의 상황으로 파악한다. 나는 주변을 둘러보며 피에르가 혹시 이곳에 있지 않은지를 확인한다. 피에르를 찾는 내 시야에 다른 사물들은 한낱 배경으로 윤곽이 흐려지고 희미해진 상태로 주어진다. 나는 지금 이곳에 '피에르가 없다'는 사실을 확신하게 된다. 지각의 차원에서 피에르의 비실재성이 또렷하게 드러나는 것이다. 상상 의식은 피에르가 부재하는 바로 이 지각적 상황을 정립하는 데서 출발한다. 나의 의식은 피에르가 없는 상황을 거부하고 실재를 거슬러 피에르를 지금 여기에 현전하게 하고자 한다.

'지금 이 탁자의 맞은편 의자에 피에르가 앉아 있다……'

이것이 바로 이중의 무화 과정이다. 요컨대 피에르를 상상한다는 것은 피에르가 없는 실재를 정립하는 동시에 존재하지 않는 피에르를 지금 이곳에 불러오는 일이다.

상상 작용이 이루어질 때의 이 비실재성을 숙고해 보자. 지금껏 이루어진 우리의 분석은 상상적 대상의 비실재성에 초점이 맞추어져 있었다. 그러나 사실 상상에서 비실재성의 의미는 확장된다.

우리가 바라기만 한다면 상상적 대상은 늘지

도 죽지도 않은 채 우리의 곁에 머물 수 있으며, 아무리 먼 곳에 있다고 하더라도 우리가 원하는 바로 그 순간 곁에 나타날 수 있다. 상상 작용에서의 비실재성은 대상을 둘러싼 시간과 공간, 그리고 급기야는 상상을 수행하는 주체의 차원까지 확장된다. 내 앞에 나타난 상상의 피에르와 내가 악수를 나누는 행위는 오로지 비실재화된 나만이 수행할 수 있다. 이와 같은 점에서 상상 의식은 대상과 세계를 넘어 주체마저도 무화하는 것이다.

주체가 무화할 때

상상은 주체마저도 비실재적인 것으로 만든다. 이제 자아의 무화를 다룰 텐데, 우선 주체의 상상화라는 문제에 대한 사르트르의 설명을 확인해 볼 필요가 있다.

비실재적인 대상들에 작용하기 위해서는 내 자신이 이중인격이 되어야만, 즉 내가 비실재화되어야만 한다. 게다가 이 대상들 중 어느 것도 나로부터 어떤 행동이나 동작을 요구하지 않는다. 그것들은 무겁지도, 위압적이지도, 구속적이지도 않다. 비실재적 대상들은 순수한 수동성으로 그저 기다리고 있다. 우리가 그것들에 주입하는 미약한 생명은 우리로부터, 즉 우리의 자발성으로부터 비롯한다. 우리가 그 대상들로부터 돌아서면 그것들은 무화되어 버린다.(『상상계』, 228)

여기에서 사르트르가 말하는 나의 이중화란 무엇인가?

이를 이해하기 위해 피에르에 대한 상상을 다시 사례로 들어 보자. 나는 지금 이 탁자 맞은편에 앉아 있는 피에르를 상상하고 있다. 비실재적 대상인 피에르는 순수한 수동성을 가지고 있다. 바꾸어 말하자면 주의가 조금이라도 흐트러지는 순간 내 눈앞에 있던 피에르의 모습은 온데간데없이 사라지고 이곳에는 텅 빈 의자만이 남게 될 것이다. 그렇다면 피에르가 사라져 버리지 않도록 그에게 전심을 다해 집중하도록 하자.

지금 이곳에 피에르가 있다. 피에르는 여느 때와 마찬가지로 미간을 약간 찡그린 채 비스듬히 의자에 기댄 자세로 앉아 있다. 그는 무언가 석연치 않은 듯한 표정을 하고서는 테이블 위에 놓인 커피 잔을 들어 입가에 가져다 댄다. 기다림이 지루한지고개를 돌려 벽시계를 돌아보고는 입매를 굳히기도 한다. 급한 성격을 보여 주듯 그는 아직 채 식지도 않은 뜨거운 커피를 한입에 털어 넣는다. 바로 그 순간 내가 방 안으로 들어선다. 피에르는 내가 찾아온 것을 알아채고 만면에 미소를 띠우며 날 반긴다. 피에르는 자리에서 일어나 내게 손을 내밀어 악수를 청하고, 나는 피에르에게로 손을 뻗어 그가 내밀어 온 손을 마주 잡는다…….

피에르에 대한 이 일련의 상상이 행해지는 동안 사실 사물들은 미동도 없이 제자리에 놓여 있다. 피에르가 앉은 의자의 쿠션은 조금의 꺼짐도 없었으며, 테이블 위에 놓인 잔에 든 커피는 그 누구도 손을 대지 않아 약간 식기야 했겠지만 조금도 줄어들지 않았다. 이것은 비실재적 대상과 실제 세계 사이의 괴리를 보여 준다. 비실재적 대상은 실재 세계의 대상들과 어떤 외부적 관계도 가지지 않는다. 물론 상상 속의 피에르가 내 앞에 있는 바로 이 의자에 앉아 있었으며, 바로 저 커피잔을 들어 올리지 않았느냐고 반문할 수 있을 것이다. 그러나 피에르가 손에 쥐었던 커피잔과 지금 이 테이블에 놓여 있는 커피잔은 서로 다르다. 후자의 잔이 실제 세계의 구성원이라면, 전자는 피에르만큼이나 비실재적이다.

피에르가 앉아 있던 의자와 그의 손에 들려 있었던 컵이 실재의 의자와 컵이 아니듯, 그와 반갑게 악수를 나누었던 것 또한 실재의 내가 아니다. 사실 피에르를 상상하는 동안 나는 단 한순간도 내가 앉아 있는 자리에서 일어서지 않았다. 나는 줄곧 안락의자에 기대어 앉은 채로 맞은편 의자에 앉아 있는 피에르의 이러저러한 행동들을 떠올리고 있었을 따름이다. 피에르가 내민 손을 마주 잡았던 것은 결코 실재의 내가 아니다. 그것은 비실재적인 나, 상상적 자아로서의 나이다. 이것이 바로 사르트르가 말하는 자아의 이중화이다.

우리에게는 실재적 자아와 비실재적 자아가 있다. 그러나 이는 우리의 자아가 분열되어 있다는 의미는 아니다. 분열이 가능하기 위해서는 두 자아가 동시에 존재할 수 있어야 하는데, 사르트르에 의하면 실재적 자아와 상상적 자아의 공존은 불가능하기 때문이다. 상상적 자아가 전면에 부각될 때 실재적 자아는 숨을 죽이고, 현실과의 접촉으로 실재적 자아가 활동을 시작할 때 상상적 자아는 흔적도 없이 사라져 버린다. 사정이 이렇기에 상상적 자아가 전면화되는 순간이란 곧 실재적 자아가 무화되는 순간과 같다. 상상의 조건은 실재의 무화이다.

우리는 피에르를 상상하기 위한 조건이 피에르가 없는 실재 세계를 거부하려는 기도라는 것을 이미 확인했다. 마찬가지로 상상적 자아가 출현하기 위한 조건 역시 실재의 차원에서 자아를 부정하는 것이다. 말하자면 주체의 상상화란 실재적 차원의 자기 자신을 무화하는 일과 같다.

상상한다는 것은 이제 상상적인 삶을 살아가는 일로 이해되어야 한다. 즉 세계와 그 자신에 대하여 상상적인 태도를 취하는 일이다. 그러나 상상적인 태도를 취하는 것을 다시 실재와 상상을 혼동하는 일로 오해해서는 안 된다. 상상의 방식으로 세계를 바라보는 것은 허구적인 대상을 현실적인 것으로 착각하는 것이 아니며, 오히려 실재의 무한한 풍요로움이 유발하는 현기증으로부터 벗어나 이미지의 본질적 빈곤함을 선택하는 일이다. 이는 어떤 위험도 없이 안온한 상상적 세계에 잠겨 들어 우리 존재의 불안으로부터 벗어나고자 하는 시도이다.

상상적인 것을 선호하는 일은 단지 이미지 안의 풍요로움, 아름다움, 화려함을 그것들의 비실재적 성격에도 불구하고 현존하는 보잘것없음보다 더 좋아하는 일만이 아니다. 그것은 또한 그 상상적 성격 때문에 '상상적인' 감정들과 행동을 채택하는 일이기도 하다. 단지 이러저러한 이미지만을 선택하는 것이 아니라 상상적인 상태를 그것이 포함하는 모든 것과 함께 선택하는 것이고, 오로지 실재의 내용(빈약함, 좌절된 사랑, 실패한 계획 등)에서만 도피하는 것이 아니라 실재적인 것의 형식 자체, 그것의 현재성, 그것이 우리에게 요구하는 반응의 종류, 대상에 대한 행동의 종속, 지각작용의 무궁무진함, 그것의 의존성, 우리의 감정이 전개되는 방식 자체에서 도피하는 것이다.(『상상계』, 266~267)

피에르에 대한 상상에는 실재의 피에르를 대면했을 때 겪을 수 있는 모든 위험이 소거되어 있다. 피에르를 상상할 때 그는 정확히 내가 기억하는 그 모습 그대로 나타난다. 약간 낡고 빛바랜 재킷과 구김이 있는 셔츠, 피곤한 듯 찡그린 미간과 고집스럽게 다물어진 입술까지 나의 상상은 몇 해 전 보았던 피에르의 모습을 고스란히 담아내고 있다. 여기에는 내게 예기치 못한 충격을 줄 수 있는 그 어떤 생경한 요소도 없다. 갑작스럽게 들이닥친 질병, 오랜 투병 생활이 남긴 흔적들, 왜소해진 체격, 거칠게 말라붙은 입술과 생기를 잃고 흐릿해진 눈동자와 같이 나를 불편하게 하는 것은 없다. 상상 속에서 피에르는 내가 원하는 바로 그 모습으로 나타난다.

모든 것은 정확히 예측되어 있고 아주 세부적인 요소들까지도 미리 알려져 있다. 상상적인 것을 선호하는 일이란 우리에게 늘 예측할 수 없는 사건들을 가져오며 지반 없는 불쾌감을 선사하는 실재 세계의 우연성을 거부하는 일이다. 그 대신에 빈곤하지만 안온한 비실재적 세계를 선택하는 일이다.

종업원의 연기

사르트르는 세계의 무화, 대상의 무화, 자신(주체)의 무화라는 세 가지 종류의 무화를 제시한다. 특히 주체의 무화에 관한 논의는 의식하는 존재인 인간에 대한 독창적인 성찰로 이어진다.

『존재와 무』에서 유명한 대목인 카페 종업원 묘사를 살펴보자.

그의 몸짓은 민첩하고 절도가 있지만, 조금 지나치게 정확하고 지나치게 약빠르다. 그는 조금 지나치게 민첩한 걸음으로 손님 앞으로 다가온다. 그는 조금 지나칠 정도로 정중하게 절을 한다. 그의 목소리와 눈은 손님의 주문에 대한 조금 지나치게 주의가 넘치는 관심을 나타내고 있다. 잠시 뒤 그는 돌아온다. 그는 그 걸음걸이 속에서 어딘지 모르게 로봇과 같은 딱딱하고 빈틈없는 태도를 보이려고 애쓰면서 곡예사같이 경쾌하게 접시를 가져온다. 접시는 끊임없이 불안정하고 균형을 잃은 상태가 되지만, 종업원은 그때마다 팔과 손을 가볍게 움직여서 접시의 균형을 회복한다. 그의 모든 행위가 우리에게는 하나의 놀이처럼 보인다. 그는 자신의 동작을 마치 상호 작용 하는 기계처럼 계속 연결시켜 나가려고 애쓴다. 그의 몸짓과 목소리까지 기계장치처럼 보인다. 그는 사물이 가진 비정한 신속함과 민첩함을 자신에게 부여한다. 그는 연기를 하면서 즐기고 있다. 그런데 그는 무엇을 연기하고 있는 것일까? 그것을 이해하기 위해 그를 오랫동안 관찰할 필요는 없다. 그는 카페의 '종업원이라는' 연기를 하고 있다.(『존재와 무』, 131)

카페의 종업원은 종업원 연기를 하고 있다. 물론 이와 같은 연기, 유희는 특이한 것이 아니다. 모든 사람들은 자신의 직업 내지 신분을 연기하는 가운데 살아가기 때문이다. 우리의 직분은 모두 연기에 의해 형성된 것이며, 자연스러운 행동거지는 고도의 훈련을 통한 세련된 연기에 의해서만 드러날 수 있는 것이다.

홍미로운 점은 신분과 직분에 맞춰 행동하는 사람들의 모습이 일종의 '로봇', '기계장치', '사물'에 빗대어 묘사되고 있음에도, 그러한 사물화는 결코 달성될 수 없는 꿈에 불과하다는 것이다. 종업원은 잘 다려진 흰 셔츠를 입고 에이프런을 두른 채 아무리 능숙하게 접시를 나르고 접객을 한다 하더라도 카페의 테이블이나 의자 같은 즉자적인 사물이 될 수 없다. 이러한 사실이 집약된 단어가 바로 '유희'이다. 카페의 종업원이 종업원 '연기'를 한다는 것은 그가 카페 종업원이라는 고정된 정체성으로 스스로를 응고시키려 한다는 뜻인데, 바로 그렇게 시도한다는 점이 그는 카페 종업원의 정체성을 가지고 있지 않다는 사실을 알려 준다. 여기에는 결코 노력으로는 해결할 수 없는 근본적인 분리가 있다.

나는 객체가 주체에서 분리된 것처럼 이런 주체에서 분리되어 있다. '아무것도 아닌 것에 의해서' 분리되어 있다. 그러나 이 아무것도 아닌 것이 나를 주체로부터 고립시킨다. 나는 주체로 있을 수 없다. 나는 이 '주체로 있음을 연기할' 수밖에 없다. 다시 말하면 나는 내가 그 주체로 있음을 상상할 수밖에 없다.(『존재와 무』, 132)

이 문장으로부터 우리는 주체의 상상화가 어떤 의미를 가지며, 왜 의식적 존재의 가장 심원한 본성이 상상인지를 파악할 수 있다. 의식하는 존재인 인간은 근본적으로 상상하는 존재다. 우리는 늘 자기 자신과 거리를 두고 자신이 '아닌' 것으로서 존재할 수밖에 없다. 자기 자신과의 부조화, 자기 자신으로부터의 끝없는 이탈, 한 단어로 '초월'은 의식적 존재의 존재 방식을 가장 정확히 드러낸다. 이것이 바로 결코 사물화될 수 없는 인간의 본성이다. 대자적 의식의 이와 같은 초월적 본성은 다음과 같은 표현으로 요약될 수 있다. "의식은 그것이 있는 그대로의 것으로 있지 않다."(『존재와 무』, 136)

이렇듯 우리는 상상적인 카페 종업원이거나 상상적인 직장인, 상상적인 학생일 뿐이다. 우리의 정체성은 결코 고정될 수 없다. 의식의 부정적 본성에 따라 우리가 발을 디디는 모든 지반은 흔들린다. 무게를 실으려 시도하는 순간 바닥은 힘없이 꺼져 들어간다. 우리에게 주어진 어떤 고정된 바탕도 없다는 것, 우리 스스로 그 어떤 본질도 가지고 있지 않다는 것. 이것이 자유의 진정한 의미이며, 이와 같은 자유에 대한 감각이 불안이다. "불안이란 자유 자체에 의한 자유의 반성적인 파악이다."(『존재와 무』, 99) 불안은 발밑에 무게를 실어 의지할 단단한 토대가 없다는 사실을 자각할 때 우리가 느끼게 되는 현기증인 것이다. 그리고 상상은 바로 이와 같은 불안으로부터 벗어나려는 몸짓이다. 상상적 태도가 도피적 성격을 가진다면 그것은 상상하는 의식의 활동 내에 즉자가 되려는 욕구가 남아 있기 때문이다. 결코 성취될 수 없음에도 말이다.

상상적 세계는 빈곤하다. 상상적 세계는 아무리 들여다본들 학습할 것이라고는 없는 놀랄 만큼 진부한 세계이다. 지각 의식이 겨냥하는 실재의 세계가 늘 예측할 수 없는 생경함으로 가득 차 있다면, 모든 것이 정확히 예측되어 있는 상상적 세계의 안온함은 실재에 지친 이들이 닿고자 갈망하는 일종의 도피처가 된다.

자기기만은 실패한다

지금까지 살펴본 사르트르의 상상 개념은 자유로

의 도약과 자유로부터의 도피라는 두 측면을 모두 가지고 있다. 끝으로 어떤 상상의 활동도 결코 성공적일 수 없다는 사실을 강조해야 한다.

아무리 간절하게 피에르를 상상하더라도 실제로 그를 현전하게 할 수 없는 것과 마찬가지로, 카페 종업원이 아무리 성실하게 카페 종업원으로 행위한다 하더라도 그는 세계의 사물들이 그러한 것처럼 카페의 종업원으로 존재할 수 없다. 이와 같은 당연한 실패를 시인하지 않을 때 문제가 발생하는데, 상상적 자아의 비실재성을 인정하지 않고 그것을 실재로 착각하는 오류를 사르트르는 자기기만(mauvaise foi)이라고 부른다.

자기기만은 스스로가 특정한 본성 내지 정체성을 가지고 있다고 말함으로써 자기 자신을 사물화하는 모든 시도에 깃들어 있다. 스스로를 즉자화하려는 의도의 측면에서 자기기만은 상상의 활동과 닮았다. 이렇게 말해도 좋다면, 자기기만의 원천은 우리의 상상력이다. 의식에는 늘 자기기만의 위험이 도사리고 있는 것이다. 나의 정체성을 이러저러한 것으로 규정함으로써 실재적 차원의 무한한 우연성과 가능성을 응고시키려는 것이 자기기만의 속임수이다.

그럼에도 상상적 태도와 자기기만적 태도 사이에는 한 가지 중대한 차이가 있다. 상상적 태도와 달리 자기기만적 태도는 일종의 신앙(foi)의 형태를 가진다는 점이다. 상상의 경우 사람들은 자신이 상상한다는 사실을 의식하고 있다. 카페의 종업원은 실재의 자기 자신을 무화시키는 가운데 상상적인 카페의 종업원으로 행동하지만, 그러한 상상화에는 어디까지나 그것을 '유희'로 인식하는 의식이 깃들어 있다. 그러나 자기기만의 경우에는 이러한 자발성에 대한 의식이 없다. 상상에서와 달리 자기기만의 의식은 자신이 수행하는 상상 작용에 관해 뒤로 물러서는 일이 없다.

> 사람들은 잠을 자는 것처럼 자기기만에 몸을 맡긴다. 그리고 꿈을 꾸듯이 자기기만적으로 있는 것이다. 이런 존재방식이 한번 실현되면, 그것에서 빠져나가는 것은 잠을 깨는 것만큼이나 어렵다.(『존재와 무』, 146)

자기기만의 의식은 자기 자신과 거리 두는 법을 잊어버린 의식이다. 그 결과 자기기만은 의식의 자발성을 망각한 채 자신을 딱딱한 사물로 만들어

버린다. 그러나 이처럼 사물화된 자신의 모습은 어디까지나 허위에 불과하다. 자기기만의 의식은 자신의 현전에 안정된 근거를 마련하기 위해 자신의 자유를 외면하려 하지만, 의식의 심원한 구조가 자신에 대한 의식인 한 이러한 도피는 결코 달성될 수 없기 때문이다. 모든 의식의 활동은 늘 그 자신에 대한 자기의식을 동반한다. 따라서 모든 종류의 상상과 자기기만은 영원히 실패로 돌아갈 수밖에 없는 것이다.

6장

온라인 세상의
시선들

이미지란 무엇인가? 사르트르에게 이미지는 실재를 부정하는 의식의 역량을 가리키는 이름이다. 사르트르의 상상력 이론은 이미지를 가상으로 간주하는 오래된 선입견을 넘어 새로운 관점에서 이미지를 이해할 방식을 제안한다.

그런데 사르트르는 그를 부정하고 극복하려고 했던 후세대의 구조주의자들이 비판한 것처럼 주관주의적 극단으로 향하고 있는 것이 아닌가? 의식이 본성상 그 무엇에도 제한되지 않는 자발성을 가진다는 사르트르의 전제는 타당한가? 여기에서 다시금 모습을 드러내는 것은 유아론의 문제이다.

1부에서는 실재를 주관적 차원의 표상으로 환원한 데카르트와 흄의 철학에 유아론의 위험이 도

사리고 있다고 지적했다. 데카르트와 흄은 모두 이미지에 관한 오래된 선입견을 간직하고 있었다. 우리는 실재와 대면할 수 없으며, 경험되는 것은 실재를 모방한 표상들일 뿐이다. 더욱 나쁜 소식은 의식에 주어지는 표상들이 실재에 관한 참된 모사물인지 아닌지조차 알 수 없다는 것이다. 이때 인식론적 불안이 생겨나는데, 흥미롭게도 유아론적 사유 역시 이 지점에서 탄생한다. 닿을 수 없는 실재의 관념을 거부하고 차라리 주관에 주어지는 표상들을 세계의 전체로 간주하는 길이다.

사르트르에게 이미지는 실재를 모방한 표상으로 규정되지 않는다. 그러니 분명 표상주의의 오류를 반복하는 것은 아니다. 그럼에도 문제가 되는 것은 사르트르의 철학이 의식이라는 제한된 관점으로부터 출발한다는 사실이다.

의식은 어떤 표상의 매개도 거치지 않고 대상을 직접적으로 지향하는 활동이 되었지만, 이번에는 제한된 관점으로부터 다시금 인식론적 불안이 생겨난다. 관점의 제한이 일종의 폐쇄성을 만들어 내는 것이다. 의식은 매개 없이 대상을 지향하고 세계와 관계한다. 그런데 세상에는 인구의 수만큼 많은 의식이 존재한다. 바로 '이 의식'에 의해 정립된 대상, 바로 '이 관점'에서 조망된 세계는 단수가 아니라 복수이다. 말하자면 의식에 의해 기술되는 것은 '세계'가 아닌 '세계들'이다. 특정한 관점에서 바라본 각각의 세계들이 있을 따름이다. 따라서 '이 관점에서 조망된 세계'를 넘어 '세계'로 나아가는 일은 여전히 요원한 것으로 남는다.

물론 하나의 의식이 작용하는 것은 실제적 조건들을 바탕으로 해서이다. 사르트르는 이러한 조건 전체를 상황이라 부른다. 의식은 근본적으로 자유롭지만, 이 자유를 임의성과 혼동해서는 안 된다. 의식 활동의 바탕에는 끊임없이 의식의 자유를 거스르는 동시에 의식이 작용하기 위한 필연적인 조건을 이루는 사물들의 세계가 있다.

사르트르가 강조하는 것은 이와 같은 제한도 의식의 자발성을 전제할 때 출현한다는 사실이다. 가령 이 공간의 불빛이 어둡다고 하자. 불빛의 밝기가 내 시야를 방해할 수 있는 것은 오직 내가 내 앞에 놓인 책을 읽으려는 의도가 선행되는 한에서이다. 이와 달리 내가 눈을 감고 잠을 청하고자 한다면 공간의 어두운 조도는 문젯거리가 되지 않는다. 사물의 소재 자체는 아무런 의미도 가지지 않는다. 의식의 구성 작용이 선행한다.

그런데 사물을 실제성의 근거로 삼지 않으면서 주관주의의 문제를 피할 수 있는가? 모든 것이 주관에게 내맡겨지는 것은 아니다. 주체인 나의 자발성이 아닌 나와 다른 타인들의 자발성이 있다는 사실이 오히려 출구가 된다. 실재의 바탕을 이루는 것은 대상의 질료적 측면이 아니라, 그것을 바라보는 또 다른 시선들이다. 존재는 타인의 시선을 경유한다. 사르트르가 보여 주려는 것은 존재 자체가 전적으로 타인들에 의해 확립되는 유형의 존재이다.

문학이란 무엇인가

사르트르의 철학에서 반복적으로 등장하는 중요한 모티프는 타인의 시선이다. 사상가이자 작가로서 사르트르가 자신의 문학론을 펼친 명저 『문학이란 무엇인가』(1948)에서 사르트르는 그 존재가 타인에 의해 겨냥되고 형성되는 특별한 대상에 관해 사유한다. 문학으로 대표되는 예술작품의 존재 방식은 이렇게 묘사된다.

문학이라는 사물은 야릇한 팽이 같은 것이어서, 오

직 움직임을 통해서만 존재하는 것이다. 그것을 출현시키기 위해서는 읽기라고 부르는 구체적 행위가 필요하고, 그것은 읽기의 행위가 지속되는 동안에만 존재할 따름이다.[1]

예술작품은 작가에 의해서 창조되는 것이 아니라 작가와 독자의 협업을 통해 만들어진다. 이때 상상적 대상의 새로운 지위가 드러난다. 상상적 대상은 주관의 사적인 고안물이 아니다. 상상적 대상은 개인적 차원의 몽상을 넘어 실재로 거듭날 수 있다. 타인과의 상호 작용을 통해서만 지탱되는 문학작품의 기묘한 실재성처럼.

4장에서 살펴보았듯 상상 작용은 질료를 초월하여 이루어진다. 소재 그 자체는 중립적이다. 우리가 동일한 소재를 지각 의식의 대상으로도, 상상 의식의 대상으로도 지향할 수 있다는 사실이 소재의 원칙적 중립성을 증언한다. 상상 작용에서 관건이 되는 것은 의식의 구성 작용이다. 그리고 여기에 유아론의 문제가 있다.

1   장폴 사르트르, 정명환 옮김, 『문학이란 무엇인가』(민음사, 2013), 61쪽. 이하 『문학』으로 표기.

『상상력』과 『상상계』에서 사르트르는 의식의 근본적인 자발성에 근거해 상상의 활동을 설명했다. 그러나 이처럼 상상의 계기가 대상의 소재가 아니라 의식의 초월적 구성 작용이라면, 각자의 상상은 동일한 대상에 대해서도 서로 다를 것이며 공통성을 가질 어떤 필연성도 없을 것이다. 이와 같은 점에서 사르트르의 초기 이미지 이론은 주관적이며 사적인 상상 작용에 관한 기술일 뿐, 대상으로부터 어떻게 공통적인 상상을 이루게 되는가를 설명하지 못한다는 한계를 가진다. 상상이 사적으로 고립된 것이라면, 어떻게 우리는 동일한 예술작품에 대한 감상을 공유할 수 있는가? 『문학이란 무엇인가』를 좀 더 검토해 보자.

　　정신의 작품이라는 구체적이며 상상적인 사물을 출현시키는 것은 작가와 독자의 결합된 노력이다. 예술은 타인을 위해서만, 그리고 타인에 의해서만 존재하는 것이다.(『문학』, 64)

　사르트르는 예술작품을 통해 자의적이며 임의적인 사적 공상을 넘어 상호 주관적인 차원에서 상상적 대상이 성립할 가능성을 제시한다. 예술작품은 주관적 상상의 산물이지만, 주관에 제한되지 않고 타자를 향해 있으며 타자에 의해서만 완성된다. 그렇다면 이 독특한 유형의 대상을 통해 실재에 관한 새로운 이해를 도모해 볼 수 있지 않을까?

책은 읽히지 않으면 소용이 없다. 저자를 괴롭게 하고 출판사를 안달하게 하는 이 상황에서 열쇠를 쥔 것은 독자다. 사르트르는 이러한 독자의 '읽기'에서 "우리의 주관으로부터 발생하지만, 차차로 뚫어 볼 수 없는 객체로 눈앞에서 응결해 가는 그런 특성의 절대적 창조"(『문학』, 67)를 발견한다. 상상적 대상은 주관의 한계를 넘어 객체화된다. 그리고 이 상상적 대상의 실재성을 이루는 것은 명백히 그 어떤 질료적 특성이 아닌 타자의 승인이다. 이 독특한 종류의 상상적 대상은 그것의 실재성을 온전히 타자에게 빚지고 있다. 작품이 실재하는 것은 독자가 그것을 읽음으로써 창조하기 때문이다.

그런데 이와 같은 유형의 실재가 단지 예술작품에 한정되는 것일까? 현금의 온라인 공간에서 우리는 과거에는 경험할 수 없었던 새로운 대상을 마주한다. 전원의 공급이 차단되는 순간 흔적도 남기지 않고 사라져 버리더라도 섣불리 가상으로 간주할 수 없는 기묘한 대상이다. '셀카' 사진, 디지털 음원, NFT 예술작품, 비트코인…….

이 이상한 사물들은 온라인 공간에만 존재한다. 그에 대응하는 현실의 어떤 사물적 바탕도 가지지 않음에도 실재로 받아들여진다. 이것이 실재인 것은 이들이 현실 속에서 감각되는 사물성을 가지기 때문이 아니라 실제 가치 때문이며, 흥미롭게도 가치는 집합적 승인에 의해 형성된다.

물질적 기반을 가지지 않는다는 점에서 어떤 이들은 이와 같은 대상들을 가상으로 간주한다. 온라인 세계에 몰두한 이들을 향해 '가상을 벗어나 현실로 돌아오라'는 우려 섞인 질책을 건네는 것이다. 그러나 정말로 우리는 현혹되어 있는 것인가? 온라인 세계의 새로운 대상들과 더불어 이제 우리가 제기하게 되는 것은 다음과 같은 물음이다.

도대체 실재란 무엇인가?

온라인 세계의 기묘한 대상들

하나의 클리셰가 있다. 사람들은 당연하다는 듯 오늘날을 이미지가 범람하는 시대로 규정한다. 그런데 이미지가 '범람'한다는 말은 대체 어떤 의미를 가지는가?

우선 매체 기술의 발전에 의해 도처에서 이미지의 형태를 가진 정보들이 압도적인 양으로 생성되고 유통되는 실태가 있다. 그러나 단지 양적인 측면만을 말하는 것은 아니다. 이미지의 범람이라는 표현에 내포된 것은 이미지에 대한 막연한 두려움이다.

오늘날 이미지는 그것을 옭아매고 있었던 오래된 구속을 벗어났다. 실재를 반영해야 한다는 의무에서 이탈된 이미지는 더 이상 무엇으로 해석되어야 하는지 알 수 없는 대상이 되었다. 그리고 이처럼 무엇이라 규정해야 할지 알 수 없는 대상 앞에서 우리가 느끼게 되는 것은 섬뜩함이다.

디지털 이미지는 실재의 모사물이기를 거부한다. 실재와 이미지의 경계는 나날이 희미해지고 있다. 매일의 삶 속에서 우리는 이미지의 압도적인 역량을 실감한다. 스크린 속에 재현된 현실은 실제의 현실보다도 더 현실적이다. 눈앞에 현전하는 장미의 붉은색은 화면 속 장미의 붉은색과 구별되지 않는다. 그래픽 기술은 육안으로 식별 불가능한 화소의 개념에 도달했고, 점점 더 미세해져서 현실적 비전에 나타나는 실제 사물의 감각적 자질에 거의 근접한 경험을 구현한다. 청각적 이미지에서도 노이즈는 더 이상 발견되지 않는다. 눈앞에 있는 사람에게 들려오는 목소리와 녹음된 음성 이미지를 구별하는 것은 불가능에 가까운 일이 되었다.

오늘날 이미지는 실재보다 더 실재처럼 보이는 것, 현실보다 더 현실적인 것이다. 오래전 『크라튈로스』에서와 정반대로, 이미지는 오히려 실재와의 혼동 가능성을 통해 규정된다고 해야 할지도 모른다.

이미지의 범람이라는 클리셰가 경고하듯 우리는 이미지들 속에서 길을 잃어버린 것인지도 모른다. 우리가 하루 중 스마트폰 내지 컴퓨터 화면을 바라보는 데에 할애하는 스크린 타임은 화면 바깥의 실제 현실을 마주하는 시간만큼이나 길다. 이미지 없는 일상을 상상하기가 어려울 정도로 우리는 이미지에 크게 의존하고 있다. 사람들은 식당을 방문하기 전에 그날 선택할 메뉴를 먼저 검색해 보며, 내비게이션 시스템 없이 운전하는 일에 어려움을 느낀다.

이미지가 실재의 지위를 찬탈하고 대체하는 일이 벌어지지는 않을 것인가? 하이퍼리얼리티에 대한 보드리야르의 진단은 이 지점에서 시작되었다. 매체 기술의 발달로 실제적 차원의 감각적인 속성들이 디지털 이미지의 형식으로 재현 가능한 것이 되었고, 그에 따라 감각적 자질들의 생생함을 근거로 가상과 실재를 구분 지을 수 없는 상황이 도래했기 때문이다. 그런데 1980년대 신기술의 발전을 목도한 보드리야르와 달리 디지털 세계를 이미 익숙하게 살아가고 있는 지금 떠오르는 물음은 다음과 같은 것이다. 우리는 정말로 실재와 비실재를 혼동하고 있는가? 만일 혼동하고 있다고 해도 그게 뭐 어쨌단 말인가?

우리에게 필요한 것은 '가상'이라는 낡아 빠진 관념이 도무지 어디에도 쓸모가 없다는 사실을 폭로하는 것이다. 그리하여 이제 '실재'의 정의가 바뀌어야 한다는 사실을 밝히는 것이다.

온라인이 다수의 사용자가 함께하는 공동의 공간이라는 점에 주목해 보자. 온라인 공간을 떠도는 디지털 이미지는 사적인 것이 아니다. 말하자면 디지털 이미지는 개인의 주관적 체험의 영역을 벗어나 공적 합의에 근거하는 공동체적 차원의 환상이다.

그렇다면 객관적 대상으로 취급되는 이 새로운 종류의 이미지를 어떻게 이해해야 할까? 이를 위해 다시금 소재를 논해야 할 것인가? 물론 질료는 오랜 기간 객관성의 담지자로 간주되었다. 그러나 질료를 근거로 이미지에 관해 해명한다면 오래된 선입견을 반복하게 된다. 실제로 현대의 매체 세계에 관한 통상적인 염려들은 여전히 디지털 이미지를 실재의 대척 지점에 있는 가상으로 취급하며, 그것이 실재에 대한 우리의 인식을 희미하게 만든다고 경고한다. 디지털 이미지는 실재가 가진 '물질적 울림'이 없는 '반(反)사물'이다. 디지털 이미지에는 세계가 결핍되어 있다 등등.

그러나 실재를 규정할 때 관건은 사물이냐 반사물이냐의 문제가 아니다. 디지털 이미지는 분명히 실제적 효과를 가지며, 우리의 현실적 삶에 직접적인 영향을 미치고 있다. 예컨대 디지털 아티스트 비플(Beeple)의 「매일: 첫 5000일(Everydays: The First 5000 Days)」[2]을 보자. 비플이 5000일에 걸쳐 매일 수집한 이미지로 구성된 이 작품은 온라인으로 쉽게 찾아서 그 세부까지 볼 수 있다.

당신이 스크린을 통해 보고 있는 이 그림은 실재인가 아니면 가상인가? 이 그림은 2021년 3월 미

---

2   https://onlineonly.christies.com/s/beeple-first-5000-days/beeple-b-1981-1/112924

국 크리스티 경매에서 한화로 약 785억 원에 판매되었다. 어떠한 사물적 실체도 없는 JPG 파일에 불과함에도 말이다.

주식, 비트코인, NFT 예술작품 등과 같이 사물적 기반을 갖추고 있지 않음에도 결코 가상이라 말할 수 없는 디지털 세계의 대상들이 있다. 현대의 매체 세계에서 감각적인 차원의 질료적 바탕을 갖추고 있는가 여부는 실재와 가상을 구별하는 데 유효한 기준으로 작용하지 않는 것으로 보인다. 전통 형이상학의 개념인 '가상'이 더 이상 현대의 매체 환경을 설명하는 데 유용하지 않다고 해도 좋겠다.

인스타그램이 알려 주는 것

우리에게 필요한 것은 '실재'에 관한 새로운 정의이다. 실재는 더 이상 질료적인 차원에서 규정될 수 없다. 사물적인 조건을 갖추고 있지 않음에도 그것의 실재성이 승인되는 존재자들이 있다. 현대의 새로운 종류의 이미지인 디지털 이미지에 실재성을 부여하는 것은 그것의 질료적 조건이 아니라 공동의 승인이다.

아마도 이것이 인스타그램이 우리에게 알려

주는 진실일 것이다. 인스타그램이 증언하는 것은 무엇인가? 매 순간 업로드되는 사진 속의 아름다운 얼굴이나 풍경들이 있는 그대로의 실재와 다르다는 것? 실재와 이미지 사이에 조작적인 왜곡과 그로 인한 간극이 있다는 것? 현실이니 가상이니 하는 건 아무래도 상관없다. 온라인 세계의 이미지들이 가진 가상성을 폭로하는 분석들은 조금도 흥미롭지 않다. 인스타그램 속 이미지들을 의미 있는 것으로 만드는 것은 사실성이 아니다. 셀카, 인생네컷, 인증샷이 의미를 가지는 것은 실재를 생생하게 재현하기 때문이 아니라, 나와 다른 타인들이 그것을 바라보고 있기 때문이다. 인스타그램에 들어가서 '피드'의 이미지들을 볼 때 우리의 눈길은 그것이 사실적인 것인가를 고민할 새도 없이 즉각 '좋아요'와 댓글 숫자로 옮겨 간다.

디지털 이미지에서 타성이 발견된다는 점에 주목하자. 디지털 이미지의 실존은 결코 의식의 자발성에 좌우되지 않는다. 디지털 이미지는 지각적 세계의 사물들과 같은 방식으로 주어진다. 그것은 나의 자발성에 의해 지탱되는 것이 아니라, 그 앞에서 의식을 수동적으로 만드는 자발성의 한계로 나타난다. 그런데 어떻게 질료적 바탕을 갖추지 못한 이미지가 사물과 같은 타성을 지닐 수 있는가?

디지털 이미지와 함께 우리가 탐구할 과제는 다음과 같은 근본적인 물음이다. 실재는 어떻게 만들어지는가? 실재하는 것이 타성을 통해 그것이 실재임을 알려 온다면, 이 타성이란 무엇이며 어디에서부터 비롯되는 것인가?

온라인 세계에서 우리가 마주하는 새로운 종류의 사물인 디지털 이미지들이 나의 자발성을 벗어나는 것은 지각적 세계의 사물들과는 다른 종류의 타성을 통해서이다. 그것이 실재로 거듭나는 것은 그것을 실재로 간주하는 집합적 승인에 의해서이다. 말하자면 디지털 이미지의 타성은 타인들에 의해 형성된다. 동화 속 벌거벗은 임금님의 이야기가 현실로 구현되고 있는 것이다.

온라인 세계가 또 다른 실재로 간주되는 것은 단지 그것이 현실에 가까운 해상도로 감각을 재현하기 때문이 아니다. 이 세계가 실재가 되는 것은 그것이 나의 자유를 한정 짓기 때문이다. 온라인 세계가 실재적인 것은 고해상도의 이미지들이 있기 때문이 아니고, 그것이 바로 타인이 바라본 세계의 풍경들이기 때문이다. 현실 세계에서와 마찬가지로 온라인 세계에서 나의 자유는 침해당하고, 나는 타인의 시선에 노출된다. 놀이를 흥미롭게 만드는 것이 적절한 수준의 난이도, 행위를 한계 짓고 때때로 가로막는 규칙과 제한들이듯, 세계가 무상한 것이 되지 않도록 무게를 부여하는 것은 나의 의지를 거스르는 사물의 타성과 타인의 시선이다.

끝으로 어떻게 '우리'에게라는 제한적 표현과 '실재'라는 관념이 연관될 수 있느냐는 반론이 제기될지 모른다. 그러나 사실 '우리에게 주어진 실재' 이외의 다른 어떤 실재도 상정할 필요가 없지 않을까? 우리에게 드러나는 이미지들의 배후에 보이지도 들리지도 않는 형이상학적 실재가 있다고 말해야 할 이유를 당신은 찾을 수 있는가?

온라인 세계의 새로운 이미지들로부터 우리는 '실재란 무엇인가'라는 문제에 관한 새로운 답변을 마련할 수 있는 실마리를 발견한다. 종종 현대의 매체적 현실은 반사물 또는 비사물들이 점유한 디스토피아로 그려진다. 혹자는 무게와 질량을 가진 사물들이 사라지고 한없이 가벼운 디지털 이미지들만이 가득한 오늘날의 세계가 실재와의 접촉을 잃어버린 폐쇄적 세계라고 진단한다. 그러나 이와 같은 진단은 오로지 실재의 외연을 물질에 제한하는 한에서 유효하다.

디지털 이미지는 실재로서의 세계를 외면하게 하는 불온한 가상이 아니다. 오히려 디지털 이미지는 실재에 대한 새로운 정의로 우리를 인도한다.

3부　　　　　**이미지는
　　　　　　　실재다**

"모든 밑바닥, 모든 정초 아래에는
훨씬 깊은 지하 세계가 존재한다."
—질 들뢰즈, 『의미의 논리』

7장

들뢰즈의
이미지 철학

푸코가 "21세기는 들뢰즈의 시대가 될 것이다."라 말했듯, 들뢰즈(Gilles Deleuze, 1925~1995)는 오늘날 현대 철학이 나아갈 방향을 마련한 사상가이다. 이미지는 들뢰즈의 철학에서도 핵심 개념이다. 들뢰즈는 첫 번째 저작인 『경험주의와 주체성』(1953)에서 '상상은 어떻게 하나의 인식 능력이 되는가?'라는 물음으로부터 사유의 여정을 시작한다. 흥미로운 것은 의식의 현상학과 반인간주의 존재론이라는 서로 전혀 다른 사상을 펼친 사르트르와 들뢰즈의 최초의 연구가 모두 상상력에 관한 것이었다는 사실이다.

    들뢰즈의 철학은 초월적 경험론(empirisme transcendantal)이라는 말로 특징지어진다. 들뢰즈가 대결하는 것은 근대 철학의 최고봉인 칸트의 초월적 관념론이다.

　칸트는 『순수이성비판』에서 '인간이 무엇을 알 수 있는가'를 밝힌다. 주체는 실재를, 칸트의 말로는 '물자체'를 그 자체로 인식할 수 없다. 주체에게 현상은 초월적 관념들, 곧 범주들을 통해 이미 정돈되고 가공된 것으로 주어진다. 칸트는 이 초월적 관념들의 유래를 해명하지 않으며, 그로부터 권리 근거를 연역할 뿐이다.

　들뢰즈는 인식의 문제에 대해 '미리 마련된' 능력들을 통해 답한다는 것을 칸트 철학의 한계로 지적한다. 들뢰즈의 초월적 경험론은 이와 같은 칸트의 한계를 극복하려는 시도로, 칸트에게서 임의로 전제되었던 능력들의 발생을 해명하려는 기획이다.

　들뢰즈의 철학은 고정되고 조건 지어져 있는 절대적인 인식의 조건들에 대항한다. 들뢰즈의 이미지 개념은 바로 칸트의 '선험적 개념들'을 대체하여 제시한 새로운 용어로 이해되어야 한다. 이미지는 선험적 개념들을 바탕으로 우리의 경험이 이루어진다고 말했던 칸트에 대항하여, 그러한 경험의 발생을 드러내 보이고자 하는 들뢰즈의 핵심 개념이다. 칸트적 경험의 조건들과 달리 이미지는 어떤 절대적인 고정된 지위를 가지지 않는다. 이미지는 발생 중에 있는 것이며, 형성되는 것이고, 변화할 수 있는 것이다.

초월적 경험론은 흄과 베르그손의 이미지 개념을 전유하여 형성된 들뢰즈의 독창적인 이미지 이론을 통해 구체화된다. 들뢰즈는 흄의 이미지 이론에서 출발한다. 흄의 철학을 시작점으로 삼은 뒤 들뢰즈는 베르그손의 인도를 따라 이미지의 구체적인 모습을 추적해 나간다. 그렇다면 이들의 철학에서 들뢰즈가 발견한 것은 무엇일까?

흄으로 돌아가기

부제 '흄에 따른 인간 본성에 관한 시론'이 알려 주듯 들뢰즈의 『경험주의와 주체성』은 흄의 철학에 관한 연구서이다. 여기에서 들뢰즈는 흄의 철학에 대한 매우 독창적인 해석을 제시한다.

2장에서 살펴보았듯 흄은 자신의 인간학을 통해 주체가 형성되는 과정을 탐구했다. 이러한 탐구의 기획은 '상상은 어떻게 하나의 인식 능력이 되는가?'라는 물음으로 나타난다. 흄의 이미지 이론에서 들뢰즈는 지성과 상상력 같은 선험적 능력을 이미 가지고 있는 인식 주관으로서의 주체가 아닌, 습관의 소산으로 구성된 주체를 발견한다.

핵심은 흄의 철학이 어떤 인간 본성도 전제하지 않는다는 사실이다. 흄은 정신의 극장을 떠도는 이미지들로부터 출발한다. 이미지들이 어떻게 연합되는가를 세밀하게 관찰함으로써 인간의 정신 능력을 해명하려는 것이다. 흄이 '상상은 어떻게 하나의 인식 능력이 되는가?'라는 문제를 제기할 때, 이 물음 속에는 인간의 인식 능력은 이미지들을 연합하는 능력인 상상력 이외의 다른 원천을 갖지 않는다는 주장이 함축되어 있다.

그리고 들뢰즈가 흄과 같은 철저한 경험론적 정신에 입각해 인간의 인식 능력을 탐구해야 한다고 말했을 때, 이는 칸트의 초월 철학을 비판적으로 겨냥한 것이다. 칸트의 문제는 어디에 있는가? 『순수이성비판』에서 칸트는 이렇게 흄을 비판했다.

"우리의 모든 인식이 경험과 '함께' 시작된다 할지라도, 그렇다고 해서 우리의 인식 모두가 바로 경험'으로부터' 생겨나는 것은 아니다."

'어떻게 인식 능력은 종합하는가?'라는 물음에 대해 칸트는 '그것이 종합할 능력을 가지기 때문'이라 답한다. 칸트는 선험적 인식 능력을 알지 못했다는 것을 흄의 한계로 지적한다. 우리가 선험적 능력들을 가지고 있다는 사실을 몰랐기에 흄은 모든 종합을 우연과 습관의 산물로 만들어 버릴 수밖에 없었다는 것이다.

이와 반대로 들뢰즈는 칸트의 한계를 다음처럼 지적한다. "주체가 참으로 주어진 것을 넘어서는 것이라 해도, 처음부터 주어진 것에게 스스로를 넘어서는 능력이 있다고 간주하지는 말아야 한다는 것."(『경험주의와 주체성』, 174) 흄의 경우 사유 안의 어떤 것도 상상력을 넘어서지 않으며 어떤 것도 경험 바깥에 있지 않다. 들뢰즈는 이와 같은 흄의 경험론적 정신을 계승해 이미지들로부터 시작되는 주체 형성의 문제에 뛰어든다. 그러므로 들뢰즈의 과제는 다음과 같이 표현된다. 어떤 전제도 없이, 오직 경험으로부터 시작해서 어떻게 인간의 능력이 형성되는지를 설명할 것.

들뢰즈가 계승하는 경험주의는 칸트가 정식화한 것과 같은 경험주의, 즉 모든 인식의 원천을 경험으로부터 발견하고자 하는 사유 체계로 규정될 수 없다. 경험주의에 관한 이와 같은 고전적 정의는 부당하다. 경험론의 관심은 비단 인식의 측면에 제한되지 않기 때문이다. 경험이란 세계 내의 구체적 상황 속에서 영향받고 영향을 미치는 모든 실천적 활동들의 총체이다. 그렇기에 "주체는 주어진 것 안에서 구성된다는 말이나 다름없다. 주체가 주어진 것 안에서 구성된다면 결국 실천적 주체만이 있을 뿐이다."(『경험주의와 주체성』, 209) 이와 같은 맥락에서 보자면 칸트의 한계는 실천과 유리된 인식론을 구상했다는 점에 있다.[1]

들뢰즈가 흄에게서 발견한 감응의 심리학은 관계가 정황과 분리될 수 없다는 사실을, 나아가 정황에 따른 감응에 의해 관념들이 연합된다는 사실을 가리킨다. 인간 본성에 관한 흄의 논의는 결국 순수한 '인식 주체'를 규명하려는 모든 시도가 그릇될 수밖에 없다는 점을 알려 준다.

> 고발되고 비판되는 것은 주체가 인식 주체일 수 있다는 관념이다. …… 관념의 연합은 인식 주체를 정의하는 것이 아니라 반대로 실천적 주체를 위한 가능한 수단들의 집합을 정의한다. 이 실천적 종합에

[1] 물론 이와 같은 비판은 오직 『순수이성비판』의 논의에 한정된 것이다. 『실천이성비판』에서 칸트는 이론적 인식 이전적인 실천의 우선성을, 그리고 『판단력비판』에서는 지성 개념으로부터 탈주한 상상력의 작용을 보여 주고 있다고 반론할 수 있을 것이다.

서 모든 실제적 목적은 정념적, 도덕적, 정치적, 경제적 질서이다.(『경험주의와 주체성』, 243)

인식론을 위해 마련되어 있는 순수한 맥락 내지 층위는 존재하지 않는다. 주체가 형성되는 것은 오로지 실천적이며 구체적인 정황 속에서이다. 경험주의적 정신은 오히려 칸트적인 철학적 전통이 스스로를 제한한 '인식'의 틀이 편협한 것임을 고발하며, 그러한 인식 형식에 의해 제한된 경험 이전의 실제적 경험을 되찾고자 하는 시도로 이해되어야 한다.

베르그손을 거쳐

그런데 오로지 실천적인 관점에서 주체가 형성된다는 주장은 사르트르가 선취한 것이 아닌가? 일찍이 사르트르는 1945년의 한 유명한 강연에서 "인간은 인간 스스로가 구상하는 무엇이며 또한 인간 스스로가 원하는 무엇일 뿐"[2]임을 역설했다. 이것이

---

2   Jean-Paul Sartre, *L'existentialisme est un humanisme*, Paris: Gallimard, 1996, p. 30; 박정태 옮김, 『실존주의는 휴머니즘이다』(이학사, 2009), 33쪽.

바로 사르트르의 '실존은 본질에 앞선다'는 주장의 의미이다.

물론 어떤 본질도 선행함 없이 주체는 형성되는 것이라는 논점은 공통이지만, 사르트르와 들뢰즈가 이 주장을 펼쳐내는 층위는 서로 다르다. 사르트르에게 주체의 형성이 그 자신의 '선택'에 의해 이루어지는 것이라면, 들뢰즈는 주체화를 설명하는 경험주의의 비밀을 바로 '습관'으로부터 발견한다. "습관은 주체를 구성하는 뿌리이며, 주체는 그런 뿌리 안에서 시간의 종합, 즉 미래의 관점에서 현재와 과거의 종합이다."(『경험주의와 주체성』, 184) 그리고 이는 1989년 『경험주의와 주체성』 영역판 서문에서도 드러나는 들뢰즈 철학의 핵심이다. "우리는 습관들, 그저 '나'라고 말하는 습관들일 뿐이다."[3] 우리는 선택과 습관이라는 두 표현의 간격에서 사르트르와 달리 들뢰즈의 관심이 선인격적이며 선개체적인 차원으로 나아가고 있다는 사실을 확인할 수 있다.

---

3   "We are habits, nothing but habits - the habit of saying 'I'."(Gilles Deleuze, trans. Constantin V. Boundas, *Empiricism and Subjectivity - an essay on Hume's theory of human nature*, New york: Columbia university press, 2001, p. x.)

여기에서 들뢰즈의 경험주의가 교과서적으로 규정된 통상적인 경험주의와 구분된다는 점을 다시 한 번 짚어야 한다. 들뢰즈의 초월적 경험론은 인간적 경험이 아닌 실재적 경험의 영역을 바탕으로 한다. 앞서 살펴보았듯 칸트의 초월 철학이 놓친 경험주의적 정신을 되찾고자 하는 들뢰즈 철학의 최초의 방향 설정은 흄과 더불어 이루어졌다. 『경험주의와 주체성』에서 여러 차례 피력했듯 들뢰즈는 인식의 가능 조건을 전제하는 칸트의 손쉬운 해결 방식을 거부한다. 그가 흄에게서 발견한 경험주의적 정신이란 어떤 인간 본성의 원리도 선험적으로 가정하지 않는 것, 그리하여 연역이 아닌 발생의 과제를 해명하는 것이었다.

철학사를 종횡하는 가운데 흥미롭게도 들뢰즈는 전통 철학의 시각에서는 도무지 경험론의 범주로 묶일 수 없는 이들에게서 경험주의적 정신을 발견해 낸다. 그중 하나가 바로 앙리 베르그손(Henri-Louis Bergson, 1859~1941)의 철학이다. 들뢰즈는 왜 흄으로부터 시작된 경험주의적 사유의 여정을 함께할 대화자로 베르그손을 선택했던 것인가?

들뢰즈는 베르그손의 철학을 '상위의 경험주의'라 칭한다. 『물질과 기억』에서 베르그손이 자신의 탐구 기획을 제시하는 대목을 보자.

> 시도해 볼 수 있는 최종적인 기획이 있을지도 모른
> 다. 그것은 **경험을 그 근원으로 찾으러 가는 것이**
> 될 것이다.[4]

베르그손은 자신의 철학 탐구의 기획이 인간
적 경험을 넘어선다고 밝히고 있다. 베르그손의 철
학은 통상적 의미에서 '경험'이라 칭해지는 인격적
차원의 경험 이전의 진정한 경험인 '실재적인 경험'
을 탐구하는 것을 목표로 삼는다. 들뢰즈가 베르그
손의 철학을 상위의 경험주의라고 명명한 것은 이
렇듯 인간적 경험을 가능하게 하는 조건을 탐구했
다는 점에서였다.

그렇다면 이러한 탐구는 어떻게 이루어지는
가? 우리에게 유용한 방식으로 굴절되어 버린 인격
적 경험 배후의 비인격적인 실재적 경험의 지대로
나아가기 위해서는 분명 우리의 눈을 가리고 있는
선입견을 벗어나기 위한 특별한 노력이 필요할 것

---

4   앙리 베르그손, 박종원 옮김, 『물질과 기억』(아카넷, 2013),
    307~308쪽.

이다. 앞질러 말하자면 그 노력이란 "특정한 사유의 습관들, 그리고 지각하는 습관들조차 포기"(『물질과 기억』, 308)하는 것이다. 여기에서 흄이 합리론의 독단을 배격하는 가운데 이미지들로부터 시작했음을 상기해 보자. 흄의 경험주의가 그려 낸 세계는 순전한 이미지들의 세계다. 정신에는 단지 인상들, 그리고 그것의 희미한 심상인 관념들만이 있을 뿐 어떤 사유의 능력도 들어 있지 않다. 탐구의 대상은 오직 정신에 주어지는 이미지들과 그것을 연합하는 힘인 상상력이다. 그렇기에 흄에게 인간 정신의 능력에 대한 탐구란 곧 상상력에 관한 탐구가 된다.

흄과 마찬가지로 기존 철학이 가지고 있었던 선입견을 넘어서기 위해 베르그손이 선택한 출발점은 이미지이다. 『물질과 기억』의 1장에서 베르그손은 그 어떤 철학적 입장보다도 더 상식에 가까운 방식으로 우리의 지각을 설명한다. 바로 이미지로 지각되는 세계의 모습이다. 상식의 입장에서, 어떤 이론적 선입견도 없이 경험을 대면할 때 우리가 바라보는 세계는 이미지로서의 세계이다.

우리는 철학자들의 논의에 무지한 사람의 관점에

위치한다. 이 사람은 물질은 그가 그것을 지각하는 그대로 존재한다고 자연적으로 믿을 것이다. 그리고 그는 물질을 이미지처럼 지각하기 때문에, 물질을 그 자체로 하나의 이미지로 만들 것이다. 요컨대 물질을 관념론과 실재론이 그것의 존재와 외양 사이에서 행했던 분리 이전의 상태에서 고려해 보자.(『물질과 기억』, 23)

상식은 결코 우리가 지각하는 대상의 실존을 의심하지 않는다. 대상과 우리에게 주어지는 외양을 구분하지도 않는다. 대상은 그저 우리가 바라보는 그대로 존재한다. 대상은 '이미지로' 존재한다. 이때 또다시 과도한 관념론적 해석을 부가해서는 안 될 것이다. 이미지는 우리에 의존해 존속하는 표상이 아니라 그 자체로 존재한다. "우리에게 물질은 '이미지들'의 총체이다."(『물질과 기억』, 22)

이미지라는 용어의 중요성은 무엇보다도 이 표현을 통해서 베르그손이 실재의 본성을 재정의하고 관념론과 실재론의 실책을 밝힌다는 데 있다. 베르그손은 이미지를 "관념론자가 표상이라고 부른 것 이상의, 그리고 실재론자가 사물이라 부른 것보다는 덜한 어떤 존재 — 즉 '사물'과 '표상' 사이의 중간 길에 위치한 존재"(같은 곳)로 정의한다. 이미지란 우리가 세계를 경험할 때 마주하는 바로 그 대상, 즉 실재를 가리키는 명칭이다.

접촉되고 체험되는 실재

들뢰즈가 흄과 베르그손을 자신의 새로운 경험론을 위한 대화자로 맞아들인 것은 단지 이들의 철학이 공통적으로 이미지를 출발점으로 선택했기 때문이 아니다. 흄과 베르그손은 모두 '실천'의 문제에 주목했다. 우리는 2장의 끝에서 흄의 경험주의가 인식의 차원에 제한되지 않고 실천의 문제를 포괄한다는 사실을 확인했다. 베르그손 역시 순수한 사변을 배격하는데, 가령 지각의 문제를 다루는 다음 대목을 보자.

> 사람들은 지각을 일종의 관조로 간주하고, 거기에 항상 순수히 사변적인 목적을 부여하며, 지각이 내가 알지 못하는 어떤 무관심한 인식을 목표로 하기를 바란다. 마치 지각을 행동으로부터 분리하고, 그렇게 해서 실재와의 연관을 단절시키면, 지각은 설명할 수 없고 동시에 무용한 것이 된다는 것은 전혀

생각지도 않는 듯하다!(『물질과 기억』, 121)

　여기에서 베르그손은 가상 이미지 문제의 원인을 새로운 차원에서 규명하고 있다. 그에 의하면 실재와 가상의 혼동이라는 문제가 발생하는 것은 실재에 관한 경험, 곧 지각이 사변적인 것으로 이해되기 때문이다. 사변적인 방식으로 지각의 문제에 접근할 경우, 우리는 지각과 기억을 동종적인 것으로 간주하게 되며 결국 실재와 유리된 심리학을 기술하는 데에서 벗어날 수 없다. 이러한 점에서 베르그손은 지각이 본성상 순수 인식을 향해 있는 것이 아니라 행동을 향해 있는 것이라고 본다. 지각은 특정한 관심으로부터 이루어지는 운동으로 이해되어야 한다.

　베르그손은 이제 주관이 아니라 우리의 행위가 이루어지고 있는 세계로부터 출발한다. "사물들의 실재성은 더 이상 구성되거나 재구성되는 것이 아니라, 접촉되고, 침투되고, 체험될 것이다."(『물질과 기억』, 121) 실재와의 연결고리를 잃어버린 기존 철학과 결별하는 베르그손 철학의 특징은 들뢰즈가 주목한 다음 문장에서 선명하게 드러난다. "뇌수의 이른바 지각적 기능과 척수의 반사적 기능들 사이에 본성의 차이는 있을 수 없으며, 단지 정도의 차이만이 있을 뿐이다."(『물질과 기억』, 48) 뇌수는 표상기관이며 척수는 운동기관인 것이 아니라, 양자는 모두 인간 신체의 신경 체계이다. 신경계의 역할은 자극을 받아들이며 반응하는 것이다. 이처럼 지각이 표상을 산출하기 위한 것이 아니라 행동을 위한 것으로 이해될 때 실재는 의심할 수 없는 명석함으로 우리에게 주어진다. 플라톤 이래 철학의 유구한 지향점과도 같았던 순수한 이론적 관조의 이상은 지각의 행동적 본성을 망각하게 함으로써 우리를 주관에 가두고 실재와 단절시켰던 것이다.

들뢰즈는 베르그손에게서 지각이 실천적이라는 점에 정당한 주의를 요구한다.

> 존재자는 물질적 대상과 그 대상에서 나오는 행동으로부터 자기의 [실천적] 흥미를 끄는 것만을 [붙들어 낸다.] 그래서 지각은 대상 '더하기' 어떤 것이 아니라, 대상 '빼기' 어떤 것, 즉 우리의 관심을 끌지 않는 모든 것을 빼내기이다.[5]

---

5   질 들뢰즈, 김재인 옮김, 『베르그송주의』(문학과지성사, 2008), 27쪽.

우리 지각의 실천적 필요성에 따라 일종의 필터 작용과 같은 분별이 발생한다. 그리하여 사물과 지각의 관계는 전체와 부분의 관계와 같다. 이것이 바로 들뢰즈가 베르그손으로부터 발견한 경험론적 면모이다.

시간이 있고,
그것은 공간이 아니다

그렇다면 인간적 경험을 수립시키는 조건이 되는 실재적 경험이란 어떠한 것인가? 이 실재적 경험에 가닿기 위해서는 '공간'이 아닌 '시간'의 관점에서 사태를 바라보아야 한다.

베르그손 철학의 핵심은 시간론에 있다. 콜레주드프랑스에서의 강연 도중 그의 철학을 한마디로 요약해 달라는 청중의 요구에 대해 베르그손은 이렇게 답했다.

"나는 시간이 있고, 그것은 공간이 아니라고 말했습니다."

베르그손 철학의 일관적인 지향점은 이처럼 공간의 관념으로 오염되어 있는 우리의 통상적인 사유의 습관 및 언어적 관습을 넘어, 시간 그 자체의 고유한 본성을 밝히는 것이다. 기존 철학은 오로지 공간적인 관념에 의존해서 현재를 '부동의 순간' 내지 '정지된 단면'과 같은 잘못된 관념으로 오인해 왔다. 그러나 현재의 본질은 활동성이다. "나의 현재는 감각인 동시에 운동이다."(『물질과 기억』, 238)

여기에서 현재가 '운동'과 관련하여 규정되고 있다는 사실에 주목할 필요가 있다. 모두가 익히 알고 있듯 시간은 흐른다. 현재란 바로 이 흐름, 베르그손의 표현으로 말하자면 현실화되고 있는 운동의 양상을 가리키는 이름이다. 이 현재는 결코 우리가 일상적으로 현재를 표상할 때 종종 떠올리는 순간의 고정적 단면, 즉 부동의 순간이 아니다. 부동의 순간이라는 관념은 시간을 그 자체로 이해하지 못하고 공간의 용어로 이해함에 따라 만들어진 왜곡의 소산이다. 운동은 결코 이와 같은 고정된 단면들로 분할될 수 없다.

그렇다면 왜 우리는 '순간'을 상정하는가? 그것은 시간을 공간의 관념을 통해 이해하려는 습관 때문이다. 공간의 관념으로 시간을 이해하려는 습관에 의해 우리는 흐르는 시간을 선분으로 표상한다. 그리고 이 선을 구성하는 각 지점들에 상응하는 것으로 시간을 구성하는 순간들을 표상하기에 이른다. 이와 같은 오류를 전형적으로 보여 주는 것이 바로 제논의 역설이다.

시위를 팽팽하게 끌어당긴 사수로부터 쏘아진 화살이 한 그루의 나무에 꽂힌다. 이때 화살의 운동은 어떻게 발견되는가? 운동은 결코 그것이 운동했던 궤적 내의 부동의 위치들로 환원될 수 없다. 사수가 활시위를 당기고 있었던 지점 P1과 최종적으로 화살이 꽂힌 나무의 지점 P4 사이, 가령 P2, P3의 지점을 지나는 화살의 위치를 가리켜 보인다 한들 운동은 설명되지 않는다. 너무 헐거운 간격을 설정했기 때문인가? 그렇지 않다. 최대한 조밀한 방식으로 P1과 P4 사이의 궤적을 무한히 나눈다고 해도 사정은 마찬가지이다. 제논이 제시한 역설처럼 P1.1, P1.1.1, P1.1.1.1……과 같이 궤적을 점유하는 지점들을 무한히 나누려고 시도한다면 이 분할이 무한히 이루어져야 한다는 바로 그 사실 때문에 운동은 결코 우리에게 주어질 수 없는 것이 되고 만다.

베르그손이 전통 철학의 시간론을 비판하는 핵심은 바로 여기에 있다. 고정된 찰나의 상에 대응하는 미분적 순간으로서의 현재는 허구적인 관념에 지나지 않는다. 수없이 많은 부동의 단면들을 마련하고 그중 하나에 '현재'라는 명칭을 할당한다 한들, 이 무한한 단면들의 집합은 결코 '시간'이 아니다. 문제는 현재를 특정한 순간으로 못박아 고정하려는 우리의 습관에 있다.

그렇다면 이제 베르그손의 권유를 따라, 그리고 시간에 대한 직관적인 이해를 따라 현재를 흐르는 것, 곧 생성 및 운동이라고 생각해 보자. 공간이 아닌 시간의 관점에서 사태와 마주할 때 사물의 윤곽은 점차 희미해진다. 주의해야 할 것은 우리 지성의 자연적인 형이상학에 따라 사물을 섣불리 고체화하지 않는 것이다. 지속의 관점에서 사태와 마주할 때, 우리가 대면하게 되는 것은 그 경계와 윤곽조차 불분명한 흔들림과 운동들이다. '운동체'가 아니라 '운동'을 중심에 두고 사태를 바라볼 때, "이미 만들어져 있는 사물이 아닌, 오직 만들어지고 있는 사물만이 존재한다."[6]

인간적 관점에 드러나는 운동의 중심인 사물, 곧 실체란 일종의 환각일 뿐이다. "변화는 존재한다. 그러나 변화 밑에 변화하는 사물이 있지는 않

---

6   앙리 베르그손, 이광래 옮김, 『사유와 운동』(문예출판사, 2020), 242쪽.

다."(『사유와 운동』, 189) 베르그손의 철학에서 실재하는 것은 운동 그 자체이다.

많은 철학자들이 찾아 헤맸던 영원불멸의 실재란 이미지와의 분리를 통해 사후적으로 형성된 관념일 뿐이다. 덧없이 흘러가고 매 순간 변화하는 것, 붙잡거나 가로막을 도리도 없이 흩어져 사라지는 것만이 유일무이한 실재이다. 이미지란 무엇인가? 이미지는 실재이다. 이제 우리는 들뢰즈가 그토록 영화를 높이 샀던 이유를 이해할 준비가 되었다.

8장

스크린에서
일어나는 일

들뢰즈는 철학 연구를 시작한 초기부터 줄곧 베르그손에 주목했다. 이러한 관심은 베르그손에 관한 두 편의 논문 「베르그손, 1859~1941」, 「베르그손에게 있어서의 차이의 개념」(1956)과 저서 『베르그손주의』(1966)를 통해 드러난다.

이와 같은 초기 저작이 베르그손의 철학에 대한 들뢰즈의 해석을 보여 주는 것이라면, 들뢰즈가 베르그손의 철학을 비판적으로 전유함으로써 자신의 독창적인 이미지 이론을 보여 주는 것은 『시네마』(1983, 1985)이다.

동굴 뒤 더 깊은 동굴

『시네마』에서 들뢰즈는 플라톤적인 방식으로 이해된 허상으로서의 이미지 개념을 거부하고, 이미지의 존재론적 위상을 새롭게 자리매김하고자 한다. 그렇다면 들뢰즈는 어떠한 방식으로 플라톤적 세계관을 극복하고 있는가?

> 플라톤주의 전체는 '사물 자체'와 허상들 사이에 어떤 구별이 이루어져야 한다는 생각에 의해 지배되고 있다. …… 플라톤주의를 전복한다는 것, 그것은 모사에 대한 원본의 우위를 부인한다는 것을 말한다. 그것은 이미지에 대한 원형의 우위를 부인한다는 것이며 허상(시뮬라크르)과 반영들의 지배를 찬양한다는 것이다.[1]

흥미롭게도 들뢰즈는 플라톤주의 내에서 반플라톤주의의 씨앗을 발견한다. 3장에서 살펴보았듯 플라톤에게 허상은 '모방의 모방'으로 규정되며, 원형으로부터 가장 멀리 떨어져 있다. 모상이 이데아

---

1   질 들뢰즈, 김상환 옮김, 『차이와 반복』(민음사, 2012), 162쪽.

와의 내면적 유사성을 간직하고 있다면, 허상은 그러한 모상을 재차 모방한 것들이다.

　모상과 달리 허상에는 더 이상 원형과의 유사성이 남아 있지 않다. 다시 말해 "허상들은 또한 그 자체로 어떤 원형들이다. 사이비들의 원형이고, 바로 그 끔찍한 원형에서 거짓된 것의 역량이 전개되는 것이다."(『차이와 반복』, 287)

　허상은 모방의 개념 자체에, 나아가 원형의 개념 자체에 대해 문제를 제기한다. 이것이 바로 들뢰즈가 플라톤주의로부터 발견하는 반플라톤주의의 핵심이다. 플라톤이 말하듯 허상이 전혀 원형을 닮지 않은 것이라면, 원형을 닮지 않았다는 바로 그 사실로 인해 허상은 또 다른 원형으로 거듭난다. 그리하여 감옥과 같은 동굴이 돌연 풍부한 색채를 입는다. "각각의 동굴 뒤에는 열려 있는 그리고 보다 깊은 다른 동굴이, 각각의 표면 아래에는 보다 넓고 낯설고 풍부한 지하 세계가, 그리고 모든 밑바닥, 모든 정초 아래에는 훨씬 깊은 지하 세계가 존재한다."[2]

2　질 들뢰즈, 이정우 옮김, 『의미의 논리』(한길사, 2009), 418~419쪽.

동굴 벽면의 그림자들은 이제 타락한 모사본이 아니다. 각각의 동굴 뒤에 있는 보다 깊은 또 다른 동굴들은 이 동굴 속 그림자들을 또 다른 원형으로 하여 증식한 것이다. 이와 같은 방식으로 들뢰즈는 플라톤적인 원본과 복사본의 관계에 문제를 제기한다.

무한히 증식하는 동굴에서는 실재와 가상의 경계가 지워진다. 동굴 벽면에 어른거리던 그림자들은 이제 희미해진 경계를 넘어 동굴 바깥으로 기어 나온다. 스크린과 대면하고 있는 사람들이 마주하는 것은 더 이상 실재를 모사한 그림자가 아니다. 스크린 위를 어지럽히는 이미지들은 사물들만큼의 실재성을 갖고 있다. 따라서 영화와 세계 사이의 근본적인 구분은 사라진다. '메타시네마'라는 들뢰즈의 유명한 표현이 보여 주고자 하는 것이 바로 이와 같은 상황이다. "그것은 즉자적인 영화로서의 우주, 메타시네마이다."[3]

영화는 더 이상 세계를 모방한 것이 아니다. 우주는 관객 없이 스스로 상영되는 영화와 같은 것

---

3   질 들뢰즈, 유진상 옮김, 『시네마 Ⅰ: 운동-이미지』(시각과 언어, 2008), 118쪽. 이하 『운동-이미지』로 표기.

이 된다. 실재와 이미지를 구분하는 위계질서가 무너져 내리는 순간 양자는 존재론적으로 동등한 지위를 갖게 된다.

운동-이미지

『시네마』의 첫 페이지에서 들뢰즈는 베르그손을 부른다.

> 베르그손은 1896년에 『물질과 기억』을 저술했다: 그것은 심리학의 위기에 대한 치료였다. 사람들은 더 이상 외부세계의 물리적 현실로서의 운동과, 의식 속의 심리적 현실로서의 이미지를 대립시킬 수 없었다. 운동-이미지, 더 심오하게는 시간-이미지에 대한 베르그손의 발견은 오늘날까지도 그것의 의의를 모두 이끌어 낼 수 없을 만큼의 풍부함을 지니고 있다.(『운동-이미지』, 8)

들뢰즈는 두 권으로 이루어진 『시네마』의 부제인 '운동-이미지'와 '시간-이미지' 개념이 베르그손에서 비롯된 것임을 분명히 한다. 그런데 운동-이미지 그리고 시간-이미지란 무엇인가?

베르그손은 상식의 관점에서 우리가 세계와 대면할 때 우리의 경험에 주어지는 것을 이미지라 불렀다. 그러나 이렇게 우리의 경험에 주어지는 이미지는 공간의 관점에 의해 다소간 왜곡된 결과물이다. 그것의 본래적인 모습이 항구적인 운동·변화일 뿐이라 할지라도 우리에게 사물들은 늘 특정한 형태로 고정된 모습으로 나타난다. 실재하는 것은 운동·변화일 뿐이지만, 그것은 너무 빠르거나 너무 느리기에 인간적 비전에 포착될 수 없기 때문이다. 그렇기에 우리가 원치 않더라도 대상들은 인간적 관점에 늘 부동의 실체로 주어진다.

그렇기에 베르그손은 우리가 실재적 경험의 층위로 나아가기 위해서는 인간적 경험을 넘어서야 한다고 말했다. 인간적 관점을 넘어서는 일이란 곧 공간의 관점이 아닌 시간의 관점에서 사태와 마주하는 일과 같다. 들뢰즈가 수용한 베르그손주의의 핵심은 바로 여기에 있다. "보다 우월한 철학적인 목적을 이루기 위해서는 무엇을 해야 하는가? 이를 위해서는 공간 속에서 사유하는 일을 포기해야만 한다."[4]

4   Gilles Deleuze, "La conception de la différence chez Berg-

『시네마』에서 들뢰즈는 고정된 형상들을 중심에 두는 것이 아니라 시간의 관점에서, 즉 운동-이미지의 관점에서 세계를 바라보려는 시도를 감행한다. 제한된 경계 없이 흐르는 힘들의 작용을 사물의 윤곽으로 결정화하는 상식의 관점을 넘어서려는 시도다. "영화는 더 이상 가장 오래된 환영을 이룰 완벽한 장치가 아니라 반대로 새로운 현실을 완성시킬 기관이 될 것이[다.]"(『운동-이미지』, 21) 들뢰즈는 딱딱하게 굳어진 판에 박힌 관점을 넘어 세계를 조망하는 새로운 비전을 스크린에서 발견한다. 그런데 어떻게 영화가 어떻게 현실이 될 수 있다는 것인가?

　일상에서 우리는 명확한 정체성을 가진 독립적인 대상을 지각한다. 이와 달리 스크린은 때때로 익숙한 사물들의 윤곽을 희미하게 만들고 심지어는 그것을 파괴하는 데로 나아가는 것처럼 보인다. 가령 지나친 클로즈업에 의해 대상과의 온건한 거리를 유지하지 못하는 화면이 있다. 극도로 과장된 근접화면에서 우리가 마주하는 것은 정

son", *L'île déserte et autres textes*(Paris: Les Éditions de Minuit, 2002), p. 61.;「베르그손에게 있어서의 차이의 개념」, 『들뢰즈가 만든 철학사』, 박정태 옮김(이학사, 2008), 338쪽.

체를 식별할 수 있는 얼굴이 아니라 그 누구의 것인지 말할 수 없는 피부의 솜털과 주름들, 그 맥박이 느껴지기라도 할 듯한 혈관의 규칙적 움직임 같은 것들이다. 여기에서 대상의 윤곽은 흐려지며 우리가 일상적으로 지각했던, 정체성을 규정할 수 있는 익숙한 사물은 사라진다. 웃고 있는 어린아이의 눈꺼풀을 밀접 촬영한 화면 속에서 마치 노인의 것과 같은 깊게 패인 주름들을 목격하는 것처럼.

스크린에서 출현하는 것은 상식적 관점으로는 불가해한 무언가, 일상적 비전 속에서 늘 대면했던 것이지만 동시에 단 한 번도 경험하지 못했던 생경한 괴물이다. 운동-이미지로 세계를 바라보는 이 새로운 관점에서 기존의 고정적이고 고체적인 사유는 그 윤곽과 경계를 전제하지 않는 미분적 운동으로 대체된다.

들뢰즈는 미리 전제된 능력들의 조화와 협업을 통해 이루어지는 합리론의 독단적이며 진부한 경험과는 달리, 그 어떤 문법도 설계도도 미리 전제하지 않고 대상과 마주하는 진정한 의미의 경험주의를 발견한다. 주체의 인식 능력을 미리 전제하지 않았기에 이제 경험주의에서 우리가 마주하게 되는 대상들은 어떤 관계도 미리 결정되어 있지 않은 무관계한 파편들과 같은 항들이다.

스크린과 마주하는 순간 사람들은 태어나 처음 세상을 바라보듯 스크린에 펼쳐진 세계를 바라본다. 우리가 태어나 처음 그랬던 것처럼, 스크린 앞에서 사람들은 이것이 누구의 혹은 무엇의 시선인지도 모른 채 카메라의 시선을 따라 세계를 바라본다. 그것은 흑인의 것도 백인의 것도 아니며 여성의 것도 남성의 것도 아닌 눈으로 바라본 세계이다. 새로운 것은 단지 관점만이 아니다. 피사체 역시 마찬가지이다. 일상에서 마주하는 사물들과 달리 스크린 속 사물들과 인물들은 어떤 선행 지식도 선입견도 없이 나타난다. 매 순간 우리는 정체를 알 수 없는 미지의 대상 그리고 인물들과 만난다.

활자 언어를 이해하기 위해 필요한 것이 선행된 문법이라면, 이미지의 경우에는 어떤 문법도 미리 주어지는 법이 없다. 흄이 보여 주었듯 이미지의 세계는 "접속사 '그리고'가 동사 '이다'의 내성의 자리를 빼앗는 세계"[5], "잡동사니의 세계, 전체화가

---

5   Gilles Deleuze, "Hume", *L'île déserte et autres textes*(Paris: Les Éditions de Minuit, 2002), p. 228; 박정태 옮김, 『들뢰즈가 만든 철학사』(이학사, 2008), 134쪽.

불가능한 단편들의 세계"[6]이다. 경험은 미리 주어진 문법에 따라 이루어지지 않는다. 우리가 문법을 배우는 것은 정돈되지 않아 혼란한 이미지들로부터이다. 들뢰즈가 영화로부터 새로운 비전의 가능성을 찾는 것은 이처럼 스크린이 틀에 박히고 제한된 일상의 관점을 넘어, 생경하며 낯선 시선으로 보는 세계를 비추기 때문이다. 스크린에서는 언제나 일상을 벗어난 모험이, 새로운 문법을 찾는 경험주의자의 실험이 일어나고 있다.

사르트르 대 들뢰즈

지금까지 우리는 플라톤주의를 전복시키고자 하는 사르트르와 들뢰즈의 이미지 이론을 살펴보았다. 들뢰즈로 더 들어가기 전에 2부에서 살펴본 사르트르와의 대비를 통해 지형도를 그려 보자.

먼저 사르트르는 매개로서의 이미지의 관념을 거부함으로써 전통적인 이미지 개념으로부터 벗어난다. 의식은 자신의 지향적 대상과 직접 관계한다. 그리고 이미지란 이처럼 의식이 비실재적인 방식

6   Ibid.

으로 대상을 겨냥하는 활동이다. 기존의 이미지 이론들이 상상과 지각을 구분하지 못하는 가운데 상상을 일종의 오지각으로 간주함으로써 이미지에 지각의 대상과 같은 타성을 부여했다면, 사르트르는 이미지에 부가된 이와 같은 사물적·즉자적인 명예를 벗겨 낸다. 지각의 대상과 달리 이미지는 타성을 띠지 않는다. 상상이란 온전히 의식의 '자발성'에 의지하여 이루어지는 활동이기 때문이다. 상상적 대상에 대해 우리가 잠시라도 관심을 잃게 되는 순간 그 대상은 거품처럼 허물어지고 말 것이다.

이렇듯 사르트르가 이미지의 본성이 타성이 아닌 자발성이라고 주장한다면, 들뢰즈는 이미지가 부단한 운동·변화의 한 국면이라는 점을 보이려 한다. 흄과 베르그손을 좇아 들뢰즈는 우리가 상식의 관점에서 세계와 마주할 때 경험하는 것을 이미지라고 이름 붙인다. 이 이미지, 우리가 목격하는 세계의 모습은 끊임없는 운동과 변화 이외에 다른 것이 아니다. 우리 지성의 형이상학적 경향은 이와 같은 항구적인 생성을 몇몇 특정한 순간으로 환원하고자 하며, 부단한 운동·변화의 어지럼증을 피하기 위해 그것을 부동의 형상으로 제한하고 한정적인 윤곽을 부여한다. 그러나 실재는 흐르는 것이기에 결코 이와 같은 방식으로 헤아리거나 거머쥘 수 없다. 실재는 바로 '운동-이미지'이다.

그러므로 우리는 양자의 이미지 이론을 다음과 같이 요약할 수 있을 것이다. 양자는 공통적으로 플라톤이 보여 주었던 것과 같은 고정되어 있는 정적인 존재의 관념에 저항하고 있지만, 이 관념을 거부하는 가운데 사르트르가 무를 향해 나아갔다면, 들뢰즈는 생성으로 나아가고 있다고 말이다. 사르트르에게 이미지는 의식의 본성인 무화하는 힘의 표현이다. 들뢰즈에게 이미지는 실재의 본래적인 모습, 부단한 운동·변화의 일면이다. 양자는 이미지의 본성을 각기 무와 생성으로 이해한다.

그렇다면 들뢰즈와 사르트르는 서로에 대해 어떤 평가를 내릴 것인가? 분명 양자의 이미지 이론에는 흥미로운 공명이 있다. 이들은 모두 정태적인 공간의 관념에 의해 왜곡되지 않은 모종의 활동적인 역량을 되찾고자 하기 때문이다. 그러나 후설의 현상학적 의식을 경유한 사르트르의 이미지 이론과 베르그손주의를 표방하는 들뢰즈의 이미지 이론은 근본적인 차이를 지니고 있다.

무엇보다도 사르트르에게 이미지란 의식의 활동에 해당하는 것이기에, 베르그손의 이미지 개념은 여전히 사물들과 동종적이라는 점이 문제가 된다. 베르그손의 이미지는 여전히 지나치게 무겁고, 기존 이론들의 이미지 개념과 다를 바 없는 경직성을 간직하고 있다. 베르그손은 의식의 본성을 알지 못했기에 이미지를 즉자적 사물로 만들어 버렸던 것이다. 그러나 상상은 의식의 활동이며 의식의 근본적인 특성은 부정성이다. 의식은 결코 정태적인 사물같이 그 자신으로 머무르거나 고착화되지 않고 끊임없이 자기 자신으로부터 이탈하고 벗어난다. 베르그손주의는 의식을 공간의 관념으로 이해했던 관습으로부터 벗어나 그것을 동적인 것으로 이해하려 하긴 했으나, 의식의 본성이 부정성, 곧 무화의 힘이라는 사실을 깨닫지 못했기에 결국에는 의식을 반쯤은 깨어 있고 또 반쯤은 졸고 있는 정신으로 만들어 버렸다.

한편 베르그손주의의 입장에서 보자면 오히려 현상학적 입장이야말로 우리가 되찾아야 할 실재 본연의 역동성을 경화시키는 데로 나아가고 있다. 사르트르는 분명 정태적인 것으로부터 벗어나고자 했다. 그러나 그 시도는 불완전했다. 비록 사르트르가 의식의 활동성을 거머쥐긴 했으나, 의식의 본성은 근본적으로 메두사와 같아서 바라보는 모든 것을 딱딱하게 응고시켜 버린다. 의식이 대상을 지향하는 가운데 그것을 특정한 정체성을 가진 것으로 고정해 버리기 때문이다. 의식의 시선 앞에 세계는 자신의 역동성을 잃어버린다.

사르트르가, 그리고 그에 앞서 데카르트가 말하듯 의식이 즉자적인 동일성의 밤을 일깨우는 빛이라고 해 보자. 그렇다 하더라도 의식의 광선은 어둠에 잠겨 있었던 세계를 일깨워 그것에 활동성을 되돌려 주기커녕 다시금 세계를 고정시킨다. 세계는 메두사의 시선 앞에 석화되듯이 '나는 생각한다'의 형식 속에 박제된다. 이것이 바로 반성에 의해 일어나는 일이다. 반성은 사진을 찍듯 순간을 정지시키고, 실제로 이루어지고 있는 운동을 고착화된 명사적인 것으로 뒤바꾸어 놓는다.

그러니 비록 사르트르가 세계로부터 의식의 활동성을 되찾는다고 하더라도 그는 여전히 자신을 제외한 모든 것을 부동적 사물로 남겨 두고 있을 뿐이다. 의식은 대상을 지향하는 자발적 활동성이다. 그러나 오직 의식'만이' 자발성이며, 다른 그 무엇도 이와 같은 힘을 가지지 못한다. 베르그손주의의 관점에서 보자면 사르트르는 여전히 실재가 가진 본래의 모습으로부터 눈을 감고 있다. 현상학적 의식은 항구적인 운동·변화를, 곧 지속으로서의 실재의 모습을 직관하지 못한 것이다.

시간의 해방

사르트르에서 또한 문제가 되는 것은 현상학적 의식의 필연적인 한계라 할 수 있는 '관점'이다. 의식은 공간의 특정 지점에서 대상을 지각하고 정립한다. 특정한 시공간적 한계 내에 위치 지어져 있다는 것은 감성적 존재가 가지는 지각의 자연적인 조건이다.

『시네마』에서 들뢰즈는 이러한 자연적 지각의 한계를 넘어서는 비전의 가능성을 제시한다. 베르그손을 따라 들뢰즈가 보이려 하는 것은 인간적 비전을 넘어선 실재 그 자체의 모습인 운동-이미지와 시간-이미지이다.

들뢰즈는 자연적 지각의 한계를 벗어나 중심과 고정점을 가지지 않는 지각의 가능성을 영화로부터 발견한다. 들뢰즈는 영화가 가지는 특권을 다음과 같이 서술한다.

영화야말로 결착할 중심이나 지평의 중심을 가지고 있지 않다. …… 탈중심화된 물적 상태에서 중심화된 지각으로 이행하는 대신, 영화는 탈중심화된 물적 상태로까지 거슬러 올라가 그 상태에 접근할 수 있게 된다.(『운동-이미지』, 115)

현상학적인 의식이 늘 특정한 좌표에 정박된 채로 작동하는 것과 달리, 영화가 보여 주는 것은 고정점을 가지지 않는 지각이다. 편집 장치, 이동식 카메라 등 기술적 발전을 통해 세계는 일상적 비전의 한계를 넘어 확대되거나 축소되며 더 느려지거나 빨라진다. 운동-이미지란 바로 이렇듯 영화의 역량에 의해 발견된, 자연적 지각의 조건들을 초월하는 이미지이다.

카메라를 통해 일상적·현실적인 지각에서 고정된 물질로 간주하던 것에서도 운동을 발견하게 된다. 영상의 빠른 재생에서 우리는 기존의 비전으로는 목격하지 못했던 새싹이 돋아나 들판을 메우고 꽃봉오리가 펼쳐져 개화하는 순간을 볼 수 있게 된다. 바로 이러한 점에서 카메라는 비가시적인 것을 가시적인 것으로 만든다. "우리는 이제 이미지=운동인 세계의 노출에 직면하게 된다. 나타나는 것들의 집합을 이미지라고 부르기로 하자."(『운동-이미지』, 115) 이렇게 나타나는 운동-이미지는 고정된 중심을 가지지 않는다. 이는 우리의 자연적 지각에 주어졌던 고체 상태의 개별적 실체들이 허상일 뿐임을 알려 준다. 운동-이미지는 끊임없이 움직이는 가운데 있는 것이며, 종잡을 수 없이 퍼져나가는 연기들과 같다. 스크린에서 우리가 목격하는 것은 부단한 운동·변화일 뿐, 그러한 운동의 담지체가 아니다. 혹은 이렇게 말해도 좋다면, 우리가 그러한 담지체를 만날 수 있는 유일한 방법은 운동-이미지를 통해서이다.

그런데 들뢰즈는 이러한 운동-이미지를 통해서는 오로지 시간이 간접적으로 드러날 뿐이며, 시간-이미지를 통해서만 시간 그 자체의 직접적인 모습이 드러난다고 말한다. 어째서인가? 운동-이미지가 우리의 일상적 비전의 한계를 넘어선 세계의 모습을 보여 준다고 하더라도 여전히 이 운동이 '정상적'이라는 점이 문제가 된다.

우리가 정상성이라 부르는 것은 바로 중심들의 존재를 의미한다. 운동 그 자체의 공전의 중심, 힘의 평형의 중심, 동체의 무게중심, 그리고 관객이 동체를 인식하거나 지각하고 운동을 할당할 수 있게 하는 관찰의 중심 등. 이런저런 방식으로 중심화를 피

해 가는 운동은 비정상적, 일탈적 운동이다.[7]

정상적인 운동과 더불어 드러난 시간이란 운동의 궤적으로 환원된 시간, 그렇기에 운동에 종속된 시간이다. 여기에서 여전히 우리는 사물이 지나간 궤적을 따라 시간의 소요를 헤아린다. 이것이 바로 시간이 운동에 종속되어 있다는 말의 의미이다. 여전히 너무나 공간적인 운동과 함께 출현하는 시간은 시간 그 자체의 본래적인 모습이 아닌 연대기적인 시간일 따름이다. 바로 이런 점에서 들뢰즈는 운동-이미지가 시간의 간접적인 현시만을 가능케 한다고 말했던 것이다.

그렇다면 운동에 종속되지 않은 시간의 출현, 곧 시간의 직접적인 현시는 어떻게 가능한 것인가? 흥미롭게도 들뢰즈는 운동의 중단이 아니라 일탈적 운동으로부터 시간의 직접적 현시가 이루어진다고 지적한다.

영화 이미지에 고유한 운동의 일탈성은 시간을 모

7   질 들뢰즈, 이정하 옮김, 『시네마 II: 시간-이미지』(시각과 언어, 2005), 80쪽. 이하 『시간-이미지』로 표기.

든 연쇄로부터 해방하고, 시간이 정상적인 운동과 맺었던 종속관계를 전복시키면서 시간을 직접적으로 드러낸다.(『시간-이미지』, 82)

일탈적인 운동과 마주할 때 우리는 더 이상 운동의 일관적인 궤적을 파악할 수 없으며 따라서 '운동의 셈해지는 측면으로서의 시간'을 측정할 수 없는 상황에 직면한다. 그러나 이러한 상황에서 오히려 이 일탈적 운동이 가능하기 위한 조건으로서의 시간이 드러나기 시작한다. 공간적인 관념 내에 자리한 '정상적 운동'과 '연대기적 시간' 관념은 '일탈적 운동'과 그것의 '바탕이자 조건이 되는 시간' 관념으로 대체된다. 공간적 차원의 운동과 관련될 때 시간은 간접적으로만 드러난다. 시간의 직접적인 현시를 위하여 들뢰즈는 시간을 묶어 두고 있었던 매듭을 하나하나 풀어놓는다.

그렇다면 어디에도 얽매이지 않은 시간은 어떤 모양인가? 모든 고정점들로부터 해방된 순수한 시간은 그 위에 운동들이 자리할 수 있는 지평과 같은 시간이다. 그 무엇에도 종속되지 않은 시간 자체의 현시란 운동에 선행하는 지평으로서의 시간이 나타나는 것이다. 익히 알려져 있다시피 이 선험적 시간의 최초의 발견자는 바로 칸트였다.

칸트는 시간을 경험이 가능하기 위한 선험적 조건으로 규정했다. "시간은 모든 현상들 일반의 선험적인 형식적 조건이다."(A34/B50) 선험적 지평으로서의 시간은 운동에 의존적이지 않다. 운동이란 경험적 대상들 사이에 성립 가능한 것이므로, 우리는 운동으로부터 시간이 비롯된다고 말할 수 없으며, 반대로 이 선험적이며 순수한 시간을 바탕으로 해서 운동이 성립한다고 말해야 한다. 들뢰즈는 『차이와 반복』에서부터 칸트에 의해 발견된 이 시간에 대해 주목하고 있었다.

> 빗장, 경첩, 축. 바로 이 축의 뒷받침이 있기에 시간은 정확히 방위 기준점들——시간에 의해 측정되는 주기적 운동들이 지나가는 점들——에 종속된다. …… 반면 빗장이 풀린 시간은 미친 시간을 의미한다. 그것은 신이 부여했던 만곡으로부터 벗어난 시간, 지나치게 단순한 원환적 형태로부터 풀려난 시간, 자신의 내용을 이루던 사건들에서 해방된 시간, 운동과 맺었던 관계를 전복하는 시간, 요컨대 자신이 텅 빈 순수한 형식임을 발견하는 시간이다. 이때는 결코 **어떤 것도 시간 안에서** …… **펼쳐지지 않**

는다. 오히려 그 대신 **시간 자체가 스스로 자신을 펼쳐 간다.**(『차이와 반복』, 208)

칸트가 발견한 것은 경첩에서 빠져 있는 시간의 모습이다. 빗장이 풀려 있는 시간은 다른 어떤 것에 의해 제약되지 않는다. 그것을 붙들어 묶어 두고 있었던 고정점들로부터 벗어난 '텅 빈 순수한 형식'으로서의 시간이다. 순수 시간의 발견과 더불어 운동의 정의 또한 근본적으로 변형된다. 이제 운동이란 시간적 차원에서의 변화, 시간을 가로지르는 변화로 이해되어야 한다.

이처럼 경험 가능성의 선험적 조건이 되는 텅 빈 형식으로서의 시간을 발견한 일은 칸트의 위대한 업적이다. 그리고 운동에 선행하는 시간에 대한 칸트의 발견은 의심의 여지 없이 베르그손주의의 핵심과 공명한다. 칸트와 베르그손은 모두 사물과 운동에 종속된 선형적인 시간의 모습을 받아들이지 않는다.

해방된 시간

지속으로서의 시간론을 최초로 드러내 보인 1889

년의 『의식에 직접 주어진 것들에 관한 시론』에서 생애 마지막으로 출간된 1934년의 『사유와 운동』에 이르기까지 베르그손은 지속적으로 칸트의 시간론을 비판했다. 그렇다면 칸트적 시간에 대한 베르그손의 비판의 요지는 무엇인가? 베르그손은 다음과 같이 쓴다.

> 처음에 제논이 생각했고 그 후에 일반적으로 형이상학자가 생각했던 운동과 변화는 실은, 변화도 운동도 아니다. 그들은 변화 가운데서 변화하지 않는 것을, 운동 가운데서 운동하지 않는 것을 붙들고 있었다. 그들은 이렇게 지각이 결정화된 것, 즉 실용적인 목적으로 고체화된 것을 운동 및 변화의 직접적이고 완전한 지각으로 오인하고 있었다. 한편 칸트가 시간 자체라고 생각했던 것은 흐르지도, 변화하지도, 지속하지도 않는 시간이었다.(『사유와 운동』, 181~182)

문제는 칸트에게 시간이 그저 선험적 형식에 지나지 않는다는 것이다. 『의식에 직접 주어진 것들에 관한 시론』에서 베르그손은 이를 '동질적 시간'이라고 비판한다. 질적인 일반성을 가진 시간이라는 관념은 여전히 시간을 공간적인 것으로 이해하는 방식에 불과하다. "동질적 시간과 동질적 공간을 관조된 실재성들 또는 관조의 형식들로 만듦으로써, [칸트는] 공간과 시간에 생명적 관심보다는 사변적 관심을 부여한다."(『물질과 기억』, 353)

베르그손에게 시간의 본성은 흐른다는 것이다. 시간은 매 순간 과거와 현재로 분기하며 본성상 끊임없이 변화한다. 그것은 열림이며 동시에 발명인 것이다.

그렇다면 칸트와 베르그손이 서로 전혀 다른 시간관으로 나아가게 된 이유는 무엇인가? 실재의 의미가, 더 정확하게는 실재와 현상의 관계가 서로 다르게 이해되기 때문이다. 칸트는 유한한 존재자인 우리에게 형이상학이 불가능하다고 선언했다. 무엇보다도 감성적 존재자인 인간으로서는 형이상학적 실재인 물자체에 대한 지적 직관을 이룰 수 없다. 우리는 오로지 우리의 감성 형식 내에 주어지는 것들만을 경험할 수 있다. 칸트와 베르그손 사이의 근본적인 차이는 바로 여기에 있다. 칸트에게 감성 형식은 경험 가능성의 조건인 동시에 실재와의 대면을 불가능하게 만드는 인간 유한성의 징표로 기능한다. 이와 달리 베르그손에게 시간이란 경험을 가능하게 하는 조건인 동시에 지속으로서의 실재이다. 실재는 지속으로서의 시간과 동일한 것이며, 이는 우리의 지각적 경험 너머에 있는 것이 아니라 바로 그것의 내부에 있다.

베르그손에게 운동·변화에 대한 우리의 경험을 가능케 하는 조건은 칸트가 보여 준 불변하는 형식으로서의 시간이 아니라, 끊임없이 분기하며 변화하고 스스로 발명되는 역동성으로서의 시간, 곧 지속이다. 칸트는 우리 경험에 주어지는 현상을 조건 짓는 주관의 직관 형식으로서의 시간을 발견했다. 그러나 이처럼 칸트는 단지 경험의 층위에 머물지 않고 경험 가능성의 조건이라는 층위에 최초로 발을 내딛었음에도, 칸트에게 시간은 경험을 위한 선험적 형식인 동시에 감성적 존재자의 유한성의 징표였다. 그렇기에 칸트적 세계는 여전히 지각적 경험이 이루어지는 현상계와 물자체가 자리하는 실재계라는 이분법적 구도를 전제할 수밖에 없었다.

베르그손의 이미지 이론이 거부하는 것은 바로 이와 같은 이분법이다. 그의 이미지 이론은 물질과 관념의 이분법도, 현상과 물자체의 이분법도 받아들이지 않는다. 시간의 외부에, 혹은 주관의 바깥에 실재는 없다. 베르그손에게 이미지는 곧 물질이며 운동이고, 지속하는 실재의 한 측면이지 그것의 재현이 아니다. 이렇듯 베르그손은 이미지를 새롭게 규정함으로써 논의의 구도를 급진적으로 바꾼다. '공간이 아닌 시간의 관점에서 사태를 이해하라'는 베르그손의 관점에서 볼 때, 사물은 자신의 경직성을 잃고 허물어지기 시작한다. 그러니 베르그손은 이미지의 관념만이 아니라 실재의 관념까지도 뒤바꾸어 버렸다고 말해야 할 것이다. 우리가 경험하는 인간적 비전으로 가시화되지 않는 부단한 운동·변화가 있으며 그것이 실재의 본래 모습이다.

이것이 바로 『시간-이미지』에서 들뢰즈가 그려 보이는 세계다. 시간-이미지란 사물에게도 주체에게도 종속되지 않은 해방된 시간의 모습이다. 현실적인 지각적 경험에 주어지는 사물들의 운동을 만들어 내는, 우리 눈에 보이지 않는 끊임없는 운동·변화가 있다. 실재는 이처럼 의식의 차원에 출현하는 현상의 이면일 뿐, 결코 현상의 저편에 있는 것이 아니다.

베르그손의 이미지 이론을 받아들여 운동-이미지와 시간-이미지에 관해 논하는 들뢰즈는 그 어떤 특권적인 고정점도 전제되지 않은 운동의 모습을, 나아가 그러한 운동을 가능케 하는 바탕이 되는 시간 자체의 모습을 그려 보인다. 이제 시간은 우리 내면의 형식이 아니다. 오히려 시간이라는 존재론적 바탕 위에서 우리가 살아가고 있는 것이다.

9장

타자를
만날 수 있을까

공간의 관념으로 물들지 않은 순수한 시간 자체를 되찾아야 한다는 베르그손의 요구에 따라 들뢰즈는 시간을 얽어매고 있었던 빗장들을 하나하나 풀어낸다. 운동체로부터 운동을 해방시킴으로써 운동-이미지를 발견했으며, 정상적 운동으로부터 일탈해 운동이 가능하기 위한 조건이 되는 시간의 형식을 발견했다. 그리고 주관의 직관 형식으로서의 동질적 시간으로부터 벗어나 부단한 변화를 되찾았다. 이와 같은 여정을 거쳐 다다른 곳에서 우리는 드디어 주관으로부터 벗어난 시간, 실재로서의 시간과 마주하게 된다.

대상과 주체로부터 해방된 시간-이미지의 자리에 서서 들뢰즈는 주관으로부터 시작하는 데카르트적 의식 철학에 문제를 제기한다. 데카르트는 코기토로 표현되는 단일한 인격적 정체성을 지니는 의식 주관을 제시했다. 이 주체의 눈앞에 세계라는 스크린이 펼쳐져 있으며 그는 감관을 이용해 자신의 앞에 펼쳐진 세계를 지각하고 그에 따라 육체를 움직여 행동한다. 이것이 바로 데카르트적 극장의 모델이다.

그런데 사실 들뢰즈보다 앞서 데카르트적 극장의 모델에 문제를 제기하고 이를 벗어나려 했던 것이 사르트르이다. 『자아의 초월성』을 시작하면서 사르트르는 다음과 같이 썼다.

> 대부분의 철학자들에게 자아는 의식의 '거주자'이다. …… 그러나 우리는 여기에서 자아가 형식적으로도 질료적으로도 의식 '안에' 있지 않다는 것을 보이고자 한다. 자아는 (의식의) 바깥에, '세계 안에' 있다. 타인의 자아와 마찬가지로, 그것은 세계의 한 존재이다.[1]

---

1   장폴 사르트르, 현대유럽사상연구회 옮김, 『자아의 초월성』(민음사, 2017), 17~18쪽.

데카르트적 코기토는 "나는 피에르에 대한 의식을 '가지고 있다.'"라고 말한다. 이러한 표현의 형식에 의해 우리는 의식을 그 안에 피에르의 표상이 놓일 수 있는 공간과 같은 것으로 착각하게 되며, 그러한 의식의 거주자로서 자아를 상정하기에 이르렀던 것이다. 그러므로 코기토적 표현은 다음과 같이 수정되어야 한다. "피에르에 대한 의식이 '있다.'" 이 새로운 코기토에서 의식은 더 이상 자아를 수반하지 않는다. 사르트르가 보여 주는 것은 이처럼 '나'가 없는 의식의 모습이다.

그럼에도 들뢰즈가 현상학에서 수용할 수 없었던 것은 사르트르가 수정된 형식일지라도 코기토를 끌어안고 있다는 점이다. 들뢰즈는 사르트르가 의식으로부터 자아를 추방함으로써 의식의 비인격적 활동성을 포착했다는 점을 긍정적으로 평가한다. 그러나 사르트르는 '선개체적인 차원'에까지는 다다르지 못했다. 『의미의 논리』의 한 주석에서 들뢰즈는 『자아의 초월성』을 다음처럼 언급한다.

'나'를 '자아'로 생산하는, '비인격적인 또는 전(前)인격적인' 초월적 장이라는 관념은 매우 중요하다. 사르트르가 이 주제를 본격적으로 발전시키지 못한 까닭은 그가 이 장을 여전히 의식에 의해 규정되는 것으로 생각했기 때문이다. 바로 이때 의식은 '나' 없이 스스로, 그리고 지향성들 또는 순수 과거 지향들의 놀이에 의해서 [통일된다.](『의미의 논리』, 188)

사르트르는 의식에 의해 이루어지는 통일을 전제했기에 선개체적인 차원으로 나아가지 못했다. "의식들에는 '내재적' 통일이 존재하는데, 그것은 그 자신의 통일로 그 자신을 구성하는 의식의 흐름이다."(『자아의 초월성』, 68) 현행의 사건을 지각하기 위해 의식은 자발적으로 미래지향과 과거지향을 통해 시간의 종합을 이루어 낸다. 여기에서 시간은 여전히 의식에 종속되어 있다.

이와 달리 들뢰즈의 시간-이미지는 그 어떤 고정점에도 얽매이지 않은 시간의 모습을 그린다. 그것은 주관으로부터 벗어난 시간, 의식에 종속되지 않은 시간이다. 이처럼 시간이 의식에 종속되지 않는다는 것은 의식을 위한 시간의 통일 역시 이루어지지 않는다는 것을 의미한다. 따라서 해방된 시간은 통일되지 않은 다수의 자아들로 이어진다.

우리는 여기에서 시간의 문제가 주관성과 밀접하게 관련되어 있다는 사실을 유념해야만 한다.

시간이 주관으로부터 해방되는 동시에 단일한 의식 주체의 관념 또한 위기를 맞는다.

흩어져 버리는 자아

지속으로서의 시간은 끊임없는 운동·변화로 특징지어진다. 그리고 매 순간 분기하는 시간 속에서 의식은 통일의 중심으로 기능하지 못하고 다수성으로 나누어지기에 이른다.

끊임없이 분기하며 변화하는 시간이 주체를 분할하기에, 통일의 중심이 부재하는 시간 속에서 주체의 정체성은 계속적인 변화를 통해 이해되어야만 한다. 조각조각 난 다수성을 통합해 줄 시간 바깥의 고정점 찾기란 헛된 시도에 불과할 것이다. 일찍이 베르그손은 지속으로서의 시간을 지내는 내면의 풍경을 다음과 같이 묘사했다.

실제로는 경직되어 움직일 수 없는 기체도 없고, 마치 무대 뒤 배우처럼 그 기체 위를 지나쳐 가는 뚜렷이 구분되는 상태들도 없다. 단지 내적 삶의 연속적인 멜로디가 있을 뿐이다. 이 멜로디는 지금도 울리고 있고 앞으로도 계속 울릴 것이다. 이 멜로디는

우리의 의식적 존재의 처음부터 끝까지 분할됨이
없다. 바로 이것이 우리의 개성이다.(『사유와 운동』,
191~192)

  우리의 내면에는 공포, 기쁨, 환희, 혐오……
그리고 이름을 채 붙이기도 전에 급작스럽게 튀어
올랐다가 사라져 버리는 희미하거나 강렬한 감정
들이 있다. 묘사하기 어려울 만큼 엉망진창으로 뒤
섞여 있고, 걷잡을 수 없이 빠르게 흘러가고 또 갑
작스럽게 중단되는 사유들과 상상들. 이러한 모든
내면적인 움직임들은 부단한 변화 속에 있기에 그
것을 명명하려는 모든 시도는 실패할 수밖에 없다.
  그렇다 하더라도 반성은 가능하지 않을까? 반
성은 메두사의 시선과 같이 세계를 단번에 고정시
키고 얼어붙게 만듦으로써 자신의 대상을 부동의
형식 속에서 규정하는 능력이 아닌가. 여기에서는
반성마저도 무엇을 거머쥘지 갈피를 잡지 못해 무
력해진다. 끊임없이 움직이는 항구적 변화만이 존
재하는 이 내면의 풍경 앞에서 반성 역시 무엇을 붙
들어야 할지조차 알 수 없는 처지에 놓인다.
  매 순간 분기하며 변화하는 시간 속에서 고정
적 중심점이 될 상태들, 그리고 그러한 상태들의 통

일로서의 자아는 산산이 흩어져 버린다. 이것이 바로 들뢰즈가 영화의 스크린에서 발견하고 있는 것이다.

> 연극을 아주 깊이 사랑했던 사람들이라면, 영화는 항상 무엇인가가, 즉 연극의 전유물로 남아 있는 신체의 현전, 이 현전이 여전히 결여되어 있다고 말할 것이다. 영화는 신체를 모방하는 춤추는 파장과 입자들만을 보여 줄 뿐이다. …… 그러나 만약 영화가 우리에게 신체의 현전을 주지 않는다면, 그리고 줄 수 없다면, 그것은 어쩌면 영화는 다른 목적을 갖고 있기 때문은 아닐까. 영화는 '실험적인 밤' 혹은 흰 공간을 우리 위에 펼치고, '춤추는 입자들' 및 '빛나는 먼지들'과 함께 작용하며, 근본적인 혼란으로써 가시적인 것을 건드리고 또 모든 자연적 지각에 반하는 일시 정지로 세계를 건드린다. 이렇게 영화가 생산해낸 것은 사유 속에 깃들인 비사유처럼 우리가 우리 머리 뒤쪽에 갖고 있는 '알 수 없는' 신체의 발생, 여전히 시선에서 빗겨난 시각적인 것의 탄생이다.(『시간-이미지』, 396~397)

주관의 의식으로부터 출발한 철학은 단일한

주체를 고정점으로 삼아서 세계를 바라보았다. 이것이 데카르트적 극장이다. 그러나 시간이 주관성으로부터 해방됨과 동시에 주체의 동일성은 와해된다.

들뢰즈가 보여 주고자 하는 것은 하나의 사건을 바라보는 다수의 주체들이다. 우리는 더 이상 잇따라 발생하는 사건들을 조망하는 하나의 의식 주관을 상정할 수 없다. 통일의 중심이 사라진 이상 시간 속의 자아들은 산산이 흩어지고, 하나의 사건을 서로 다른 시제로 말하는 다양한 관점들이 있다. "하나의 사건이 도래할 것이며, 도래하고 있으며, 도래했다."(『시간-이미지』, 205) 이것이 바로 지속으로서의 시간 속에서 우리가 대면하게 되는 것이다. 하나의 사건의 깊이 속으로 침잠해 들어가는 시간.

눈앞에 주어지는 것들이 아니라 우리의 시선에서 빗겨나 있는 것, 보이지 않는 가운데에서 현실적인 것을 생성해 내는 잠재적인 것이 문제이다. '사유하는 나'라는 의식 주관을 상정하는 연극과 달리 영화는 그와 같은 의식에 주어지지 않는 것들, 잠재적인 차원의 운동·변화들, 춤추는 파장과 입자들을 보여 줄 뿐이다. 이를 통해 우리는 운동의 기원으로 주체를 상정했던 의식 철학과 정반대의 방향에서 주체의 발생이 어떻게 이루어지는가를 보게 된다.

바로 이러한 맥락에서 들뢰즈의 철학이 주체성을 해체하거나 제거하는 데로 나아간다고 말하는 것은 섣부른 표현이 된다. 들뢰즈는 주체성, 주관, 의식이 결과의 차원에서 드러나는 것이며 따라서 출발점으로 삼기에는 적절하지 않다고 말한다. 의식을 원인이 아닌 결과의 자리에 위치시켜 발생 과정을 기술하는 것. 이것이 바로 초월적 경험론의 기획이며, 흄에게 바쳐진 첫 번째 저작에서부터 이미 예고된 일이다.

그리고 괴물이 출현한다

동일성이 와해되는 것은 단지 주체만이 아니다. 시간-이미지와 함께 대상의 정체성 역시 산산조각 나기에 이른다. 시간-이미지는 우리의 일상적인 평균적 지각을 벗어나고 그것을 와해시키는 데로 나아간다. 이는 판에 박힌 것으로부터의 벗어남으로 드러난다.

일상적 지각은 어떻게 이루어지는가? "지각은 대상 더하기 어떤 것이 아니라, 대상 빼기 어떤 것,

즉 우리의 관심을 끌지 않는 모든 것을 빼내기"(『베르그손주의』, 27)이다. 우리는 대상으로부터 실천적인 관심을 이끄는 것만을 지각한다. 이때 실천적인 관심이란 기존의 관습에 따라 자기를 보존하려는 이해 관심과 같은 뜻이다.

　　우리는 사물 혹은 이미지를 그 전체로 지각하는 것이 아니라 항상 감해진 상태로 지각한다. 즉 우리에게 흥미로운 것만을 지각한다, 혹은 우리의 경제적인 이해관계, 이데올로기적 믿음, 또는 심리적 욕구에 따라 지각에 흥미로운 것만을 지각한다. 그러므로 우리는 일반적으로 판에 박힌 것들[곧 클리셰들]만을 지각하는 것이다.(『시간-이미지』, 45)

　　이렇듯 일상적인 지각은 우리의 실천적인 관심에 의해 틀 지어져 있다. 그런데 이렇듯 우리가 판에 박힌 것들만을 욕망하고 판에 박힌 것들만을 지각한다면, 그로부터 벗어날 방법은 없는 것인가? 들뢰즈는 다음처럼 말한다.

　　만약 우리의 감각-운동적 구조가 멎어 버리거나 균열된다면, 그때에는 또 다른 종류의 이미지가 출현하게 될 것이다. 사물 그 자체가 문자 그대로 공포 혹은 아름다움의 과잉 속에서, 근본적인 혹은 정당화될 수 없는 본성 자체 속에서 …… 출현하도록 하는 순수하게 시지각적-음향적 이미지 그 자체…….
(『시간-이미지』, 45)

만일 우리의 지각을 제한하고 있던 실천적 관심이 더 이상 작동하지 못하게 된다면, 그때는 우리의 실천적 관심을 이끄는 유용성에 따라 지각이 제한되지 않게 됨으로써 사물의 어떤 낯선 얼굴이, 말하자면 기능이 벗겨진 존재가 드러나고 만다.

여기에서 들뢰즈의 이미지 이론은 현상학의 자연적 지각을 넘어서서 의미 작용으로 환원되지 않는 낯선 것의 출현을 보여 준다. 이제 이미지를 대면하는 일은 읽기를 그만두고 바라보는 일이다. 상식적이며 관습화된 의미 작용의 논리에 따라서 읽어 내기를 멈추고 이미지를 이미지로 바라볼 때 단 한 번도 경험된 적 없는 낯선 것이 출현한다.

그 어떤 개념으로도 포획될 수 없는 전적으로 낯선 무엇을 들뢰즈는 '괴물'이라 칭한다. 이것은 기존의 개념을 통해 규정될 수도, 나아가 식별될 수도 없는 생경한 대상이다. 전적으로 낯선 이질적인 것이라는 점에서 괴물은 곧 '타자'라 불릴 수도 있을 것이다.

새롭고 낯선 타자와 대면할 때 우리의 세계는 확장된다. 들뢰즈의 시간-이미지를 통해 우리가 다다른 이미지 탐구의 종착점은 일반적인 지각을 구성하는 클리셰를 깨뜨리고 실재의 새로운 국면과 마주하는 일이다.

온라인 세계의 타자

그런데 과연 타자를 만나는 일은 가능한 것일까? 어쩌면 익숙한 것에 대한 취향은 근절되기 어려운 것인지 모른다. 우리는 일률적인 방식으로 대상을 범주화하고 유형화함으로써 안정감을 느끼기 때문이다. 하지만 다른 한편으로 우리는 국적, 민족, 인종, 지역, 성별, 세대 따위를 기준으로 재단되고 유형화되는 정체성에 지긋지긋함을 느끼고 있지 않은가? 그러니 불현듯 이 모든 경직된 범주들이 갑갑하게 느껴진다면, 틀에 박힌 개념들과 낱말들로부터 비스듬히 빠져나올 수 있지 않을까?

초창기 온라인 공간은 이러한 일탈을 위한 출구로 기능했다. 과거 온라인 공간은 오프라인의 일상과 구분되는 전적으로 낯선 곳이었다. 이곳에서 사람들은 일상적 경험의 한계를 넘어 지각의 폭을 확장할 수 있었다. 온라인 공간의 이미지들은 제약되어 있던 지각의 장 너머 내가 경험한 적 없는 과거의 시간으로 데려가고, 내가 등 돌리고 있던 이웃이 살아가는 공간을 보여 주었다. 온라인 세계를 형성하는 것은 타자가 남기고 기록한 흔적들이었다. 온라인 공간의 이미지들은 내가 조망할 수 없는 관점으로 기록된 세계의 모습이었으며, 우리는 이 이미지들을 통해 세계에 대한 배움을 얻을 수 있었다.

그러나 오늘날의 온라인 세계는 과거 PC 통신 시절의 낯설고 생경했던 온라인 세계와는 전혀 다르다. 1990년대와 비교하면 오늘날의 온라인 세계가 전혀 다른 위상을 가지고 있다는 것은 이제 우리에게 '인터넷에 접속한다'는 말이 낯설게 느껴진다는 사실로부터 명백히 드러난다. 주머니 속에 들어 있는 스마트폰을 꺼내기만 해도 곧장 누군가와 인스턴트 메시지를 주고받을 수 있는 지금 접속한다는 말은 어색하다. 오프라인의 현실과 온라인 세계는 늘 연결되어 있기 때문이다.

과거 오프라인의 현실과 온라인 세계는 조작적인 '접속'을 통해서만 맞닿을 수 있었다. PC통신 시절 온라인 세계와 현실 세계 사이에는 상당한 간격이 있었다. 그런데 지금의 온라인 공간은 그와 다르다. 온라인 공간은 소통의 다른 '채널'일 뿐, 더 이상 다른 '세계'가 아니다. 인터넷의 보편화, 상용화와 함께 우리의 세계는 오히려 평평해졌다.

온라인 세계에서 낯선 것을 만날 수 있을까? 사용자의 범위가 확대되고 온라인과 오프라인의 경계가 허물어짐에 따라 오히려 온라인 공간에서 타자를 마주할 기회를 잃어버리고 있는 것이 아닌가? 온라인 공간의 접속자 수가 과거와는 비교할 수 없을 정도로 증가하고 정보량 역시 기하급수적으로 증대된 지금 역설적으로 온라인 공간에서 타자와 마주할 가능성은 줄어들고 있다.

사이버 부족화 현상 및 알고리즘 시스템은 우리가 온라인 공간에서 낯선 것과 조우할 기회를 잃어가고 있다는 사실을 보여 주는 대표적인 징후들이다. 우리는 방대한 정보들을 폭넓게 조망하는 가운데 그것들을 자유롭게 취사선택하는 것이 아니라, 우리에게 알맞은 것으로 유형화된 정보들을 제공받는다. 이 시스템에 의해 우리는 그야말로 노이즈가 없는 세계와 만난다. 알고리즘에 의해 잘 마름질 된 온라인 공간에서는 예측할 수 없는 낯선 것,

곧 타자를 찾아볼 수 없다. 이 세계에는 우리를 당혹스럽게 만들고 거슬리게 하는 무엇도 없다. 그런데 보고자 하는 것만이 보이고 듣고자 하는 것만이 들려오는 세계를 앞서 그려 보인 것이 사르트르 아니었던가? 사르트르의 표현을 따라 말하자면 온라인 공간에서 우리는 '상상적 삶'을 살고 있는 것이다.

물론 온라인 공간은 사적인 상상적 세계가 아니다. 오프라인의 현실과 마찬가지로 온라인 공간에서 우리는 타인을 만나고 교류한다. 그러나 온라인 공간의 사용자들은 자신의 취향과 선호를 따라 무리를 이루고, 그리하여 이곳의 이웃들은 대부분 동일한 의견을 형성하기에 이곳에서 만나는 타인들은 좀처럼 낯설게 느껴지지 않는다. 매 순간 서로의 동질성이 검증되고 또 확인된다. 사소하게는 관심사와 취미로 시작해서 유형화된 심리적 특성, 성적 정체성 그리고 정치·경제적 입장에 이르기까지 수많은 분할들이 온라인 공간을 가로질러 타인들을 묶어 내고 분류한다.

그리하여 거대한 단위의 자아가 만들어진다. 온라인 공간에서는 일종의 집단적 차원의 유아론이 재현된다. 온라인 커뮤니티에서 발견되는 디지털 부족화 현상이 대표적인 사례이다. 커뮤니티 내의 소통은 내용은 물론이거니와 형식마저도 잘 설계된 핑퐁 게임과 같다.

애석하게도 그 바깥은 미지의 영역이며 언제나 예상을 넘어선다. 현실에 이러저러한 사건들이 도대체 왜 벌어지는지 나와 이웃들의 사고방식으로는 도무지 이해할 수가 없다. 하지만 그런 게 뭐가 중요하단 말인가? 그런 것쯤은 불가해한 것으로 남겨 두자. 사실 이 안온한 공간에도 이따금 이해할 수 없는 이들이 출현하지 않는가. 모든 커뮤니티에는 때때로 어디서 유입되었는지 알 수 없는 불순분자들, 산통을 깨고 어그로를 끄는 골칫덩이들이 찾아온다. 그런 족속들을 상대하는 최선의 방법은 보여도 보이지 않는 것처럼 무시하는 것이다. 온라인 공동체의 평화는 이렇듯 우리와 다른 것에 대해 눈을 감음으로써 유지된다.

누구에게나 개방되어 있는 온라인 공간은 사실 폐쇄적이다. 우리는 역사상 그 어느 시기보다 자유롭다. 그러나 이 자유는 철저히 한계 지어져 있기에 우리는 이 한계 너머로 나아가는 방법을 자꾸만 잊어버린다.

도처에 익숙한 것들이 있다. 온라인 공간은 우

리에게 익숙한 것들을 보여 주고, 또 무언가를 익숙하게 만든다. 오늘날 우리가 몰두하는 '콘텐츠'들 역시 과거 인기 차트보다 더욱 더 정형화되어 있고 틀에 박힌 것들이다. 익숙함은 그 어떤 설득의 방식보다 더욱 강한 설득력을 갖는다. 우리는 익숙한 것들을 보고, 익숙한 이들과 소통하며, 익숙한 것을 소비한다. 들뢰즈가 기대를 걸었던 '시네마' 이후, 콘텐츠의 시대에 우리는 어떻게 타자를 만날 수 있을까?

콘텐츠 시대의
염증에 관하여

도처에 콘텐츠라는 말이 떠돌고 있다.

우리는 매일같이 콘텐츠를 소비하며 제작자들은 가장 많은 조회수를 기록해 줄 콘텐츠를 찾아내려 분투한다. 그러나 이렇듯 콘텐츠가 사방을 뒤덮는 가운데에도 도대체 콘텐츠가 무엇인지는 좀처럼 드러나지 않는다. 아이러니하게도 콘텐츠라는 말에는 어떤 콘텐츠도 들어 있지 않은 것처럼 보인다. 콘텐츠는 실체 없는 유령처럼 공중을 떠돌아다니다가 이따금 다른 무엇에 들러붙어 기생하고는 그것이 생명력을 잃고 허물어질 때 떠나 다시금 표표히 거리를 맴돌 뿐이다.

이따금 '콘텐츠는 무엇인가?'라는 물음이 제기되곤 하지만 그에 온전한 답변이 주어지는 일은 드물다. 답변은 대개 두 가지 방식으로 주어진다. 콘텐츠라는 표현을 대체할 다른 낱말을 나열하거나, 콘텐츠라 일컬어지는 것들의 예를 가리켜 보여 주거나. 후자의 답변이 빈곤하다는 사실에 대해서는 구태여 부연할 필요가 없을 것이다. 이 경우 물음에 답하기 위해서는 그저 손가락을 들어 올려 그야말로 아무거나 가리키기만 하면 된다. 그것, 그것, 또한 그것……. 이러한 설명 방식이 가지는 빈곤함은 이 지목의 과정이 결코 만족스럽게 끝나지 않고 무한히 계속될 수밖에 없다는 점, 그리고 이렇게 지목된 것들이 콘텐츠라는 말이 잠시 기생하는 대상일 뿐 결코 콘텐츠 자체가 아니라는 점에서 명백히 드러난다.

전자의 경우 우리는 '콘텐츠란 무엇인가'라는 물음에 대해 그것은 일종의 전자기적 매체를 통해 전달, 유통되는 내용, 정보, 콘셉트 같은 것이라 답할 수 있을 것이다. 이와 같은 답변은 콘텐츠의 수많은 사례를 열거하는 데에서 그쳤던 것에 비해 한결 나은 것처럼 보인다. 그러나 이 경우에도 여전히 답변은 문제의 가장자리를 맴돌고 있을 뿐이다. 사실 일상 속에서 이미 콘텐츠라는 말을 사용하고 있는 한에서, 우리는 그것의 의미를 모르고 있는 것이 아니다. 우리가 묻고자 하며 답해지기를 기대한 것은 단지 동어 반복의 사전적 의미가 아니다. '콘텐츠란 무엇인가'라고 물을 때 우리가 실제로 알고자 했던 것은 '그것을 왜 콘텐츠라 부르는가'하는 것이다.

우선 지적해 두어야 할 것은 콘텐츠가 비즈니스 용어라는 사실이다. 콘텐츠라는 말의 상업적 함축은 표현의 용례를 통해 분명히 드러난다. 콘텐츠에 흔히 따라붙는 말들, 가령 콘텐츠-시장, 콘텐츠-상품 등의 표현은 콘텐츠가 시장 경제 속에서 유통되는 일종의 상품임을 증언한다. 콘텐츠는 마치 미다스의 손처럼 맞닿은 모든 것을 자연스레 미디어 시장의 상품으로 변형시킨다. 이에 따라 우리는 어떤 위화감도 느끼지 못하고 'K-콘텐츠'라거나 '문화 콘텐츠 산업'과 같은 말을 당연한 것으로 받아들인다.

이 상품화가 과연 제작의 측면에 국한되는 문제일까? 어쩌면 더 근본적인 문제는 이 시대를 살아가는 사람들이 더 이상 예술 작품을 원하지 않는다는 사실에 있는 것이 아닐까? 예술 작품이라는 말은 너무도 무겁고 부담스러운 것이어서, 작품을 감상하는 일은 그 자체로 또 다른 노동처럼 느껴진다. 사람들은 그들의 여가를, 말하자면 생계를 위한 노역이 계속되는 가운데 짧디짧게 찾아오는 귀중한 시간을 또 다른 노동에 시달리기보다는 차라리 말초적인 즐거움을 소비하며 흘려보내길 택한다. 이미 우리에게는 영화 예술이라는 표현보다 콘텐츠라는 표현이 익숙하다. 그런데 어떻게 영화로부터 새로운 현실이 창조될 것을 기대할 수 있겠는가?

만성화된 지루함

이미지 탐구의 여정에서 우리가 살펴본 들뢰즈는 시네마에 현실을 송두리째 뒤바꿀 수 있는 역량이 깃들어 있다고 말했다. 영화란 클리셰를 파열시키는 문제 제기이며 실험이기 때문이다. 이는 사실에 대한 기술이라기보다는 희망을 담은 선언 아니었을까?

예술 작품의 가치를 부정하려는 것은 아니다. 분명 우리는 이따금 까닭 모를 허기를 느끼고 심오한 통찰과 메시지가 담겨 있는 예술 작품의 주변을 기웃거리곤 한다. 그러나 작품에 담긴 추상적인 가치는 닿기에 요원한 것이어서, 대개 우리는 조회수와 추천수를 통해 '작품성 있는' 콘텐츠를 선별하고 이를 소비하는 데에 만족하는 것이다.

　소비가 그렇기에 제작에서도 우선순위가 뒤바뀌는 것은 당연한 일이다. 선행하는 것은 가치가 아니라 소비될 만한 무언가를 만들어야 한다는 의식이다. 소비될 만한 것은 유행, 트렌드, 니즈와 같은 갖가지 표현으로 불리지만, 이 표현들이 가진 요란한 외양에도 불구하고 그것의 실체는 텅 비어 있다. 매분 매초 변화하는 실시간 검색어에서 보듯 익명적 대중의 관심과 선호는 어떤 규칙성도 없이 측정할 수 없는 진폭과 파장으로 변화하고 또 변화할 뿐이다. 그것의 실체가 무엇이며 그것의 변화를 이끄는 동인이 무엇인지를 알고자 하는 노력은 시대착오적이므로, 콘텐츠 제작자들은 단지 그 불규칙한 흐름을 놓치지 않고 뒤따르는 데 전력을 다할 뿐이다. 콘텐츠를 제작하는 제1의 목적은 '팔리는가'이며, 그 이외의 다른 모든 기준들은 부수적인 것 내지 장식적인 것에 불과하다. 고려해야 할 유일한 지표는 조회수이다. 아이러니하게도 오늘날 시장에서 보이지 않는 손은 오직 보이는 것만을 헤아린다.

　콘텐츠라는 명명 속에서 한 작품이 가지고 있는 고유의 메시지는 휘발된다. 콘텐츠라는 명명에 의해 일순간 작품은 마취총을 맞은 짐승처럼 양순

해지고, 알고리즘 체계 속에서 특정한 종류와 범주의 콘텐츠들 가운데 하나로 분류된다. 그리고 이렇게 유형화된 콘텐츠들은 우리에게 그 어떤 새로움도 흥미로움도 가져다주지 못한다. 플레이 버튼을 누르면서 이미 우리는 진부함을 느낀다. 그 어떤 기대도 갖지 않은 채 이미 본 것을 다시 보고, 이미 알고 있는 이야기를 읽고 또 읽는다. 이따금 제작자들은 그런 만성화된 지루함에 구원의 손길을 내밀듯 새로운 콘텐츠를 들이민다. 무언가 새로운 자극을 줄 것 같은 타이틀에 기대를 품고 무심코 클릭해 본다. 안타깝게도 또 아는 맛이다. 우리가 소비하는 콘텐츠들이란 이렇듯 진부하고 지겨운 것들, 이따금 약간의 변형이 가미되었을지라도 여전히 익숙한 것들이다. 어쩌면 우리는 이 진부함에 기대고 있는 것인지도 모른다. 일상을 영위할 표준적이며 정형적인 루틴이나 리추얼을 만들어 내고 그에 종속됨으로써 안정을 찾듯, 사실 우리는 더 이상 새로운 것을 원하지 않는지도 모른다. 여가와 오락을 위해서 필요한 건 위험천만한 모험이 아니다. 오히려 우리를 더없이 만족스럽게 하는 것은 적당한 참신함을 가진 판에 박힌 것들이다.

비탄해야 할까? 분명 상황은 긍정적이지 않다.

우리는 판에 박힌 것들에 둘러싸여 있고 이미 보았던 것들만을 보고 또 본다. 이들은 어떤 갈등도 빚지 않고 단번에 수용되며, 그래서 기억에 남지 않고 쉽게 잊힌다. 우리는 이러한 클리셰로부터 그 무엇도 읽어 낼 필요를 느끼지 않는다. 그것은 완전히 단순하고 평면적인 이미지들이다. 더군다나 사유를 위한 시간적 간격조차 마련되어 있지 않다. 우리는 망막을 스쳐 가는 이미지들을 따라가기에 급급할 뿐이다. 여기에 남는 것은 사유하는 주체가 아닌 관람하는 주체이다. 남는 것은 눈이다. 골방에 틀어박힌 머리 없는 눈들. 고립된 진공 상태의 눈들 앞으로 수천수만 번 반복되었던 이미지가 다시 스쳐 지나간다. 더 나쁜 것은 이를 부추기는 알고리즘 시스템이 이것이 우리의 선택의 결과라 말한다는 것이다. 시스템은 어떤 목적도 의도도 없이 편의를 제공할 뿐이다. 지금 화면에 펼쳐진 천편일률적인 콘텐츠들은 바로 전날 밤, 혹은 몇 달 전의 나 자신이 보길 원했던 것이다. 시스템은 이것이 바로 너의 관심이고 흥미이자 욕망이라 말하며 세계를 닫아 잠근다.

  문제가 되는 것은 범람의 상황이다. 이미 몇 세기 전부터 예견되었던 이미지의 범람은 현시대를 살아가는 우리가 당면한 현실이다. 이는 결코 양적인 측면에서 콘텐츠의 다수성만을 뜻하지 않는다. 지나치게 많은 콘텐츠들 속에서 우리가 중심을 잡지 못하게 될 것이라는 사실을, 쏟아지는 콘텐츠들에 휘말리고 그 속에서 허우적거리는 가운데 주체성을 지탱하지 못하고 수동적으로 휩쓸리게 될 것이라는 사실을 의미한다. 이러한 범람의 상황에서는 작품의 감상과 평가를 위한, 관조를 위한 최소한의 거리 두기가 이루어질 수 없다. 우리는 포화된 이미지들 속에 파묻혀 있고, 파도처럼 밀려오고 또 밀려오는 이미지들을 스스로 감상하고 이해하며 평가할 여력이 없다.

우리는 범람하는 콘텐츠들에 의해 휩쓸리고 있다. 시네마의 영광은 이제 곧 끝이 날 것이다. 그러나 이와 같은 진단이 곧 음울한 낯으로 비관해야 한다는 사실을 의미하지는 않는다.

매분 매초마다 쏟아져 나오는 콘텐츠의 범람 속에서 우리는 이미 중심을 잡지 못하고 있다. 그러나 언제는 그렇지 않았던 적이 있었던가? 우리는 늘 거리 두기에 실패했다. 그 어떤 외부적 상황에도 영향받지 않는 온전한 주체성을 지탱했던 순간은 없었다. 더불어 예술이 자본의 영향을 벗어나 순수한 자유를 향유하던 시대 또한 없었다. 처음으로 영화 예술이 형성되었을 때 그것은 가장 상업주의적이며 불순한 것으로 지탄받기 일쑤였다. 콘텐츠에 내포된 상업주의적 함축과 메시지의 부재를 고발하는 비평가들의 말 속에서, 우리는 영화라는 예술 형식이 최초로 성립한 시기에 한 평론가가 쏟아 냈던 비판이 다시금 반복되고 있다는 사실을 발견할 수 있다. 콘텐츠, 그것은 "노예의 소일거리, 무식하고 비참하고 일과 걱정들로 지칠대로 지친 족속들의 오락……, 아무런 정신집중도 요구하지 않고 아무런 사고능력도 전제하지 않으며…… 가슴에 아무런 광명도 밝혀 주지 않고 또 어느 날엔가는 로스앤젤레스에서 '스타'가 되겠다는 가소로운 희망 이외에는 아무런 희망도 불러일으키지 않는 구경거리"[1]이다.

물론 상업적인 콘텐츠를 거부할 수도 있을 것이다. 지금 당장 컴퓨터의 전원을 끄고, 휴대전화를 뒤집어 놓고, 한동안 손대지 않았던 먼지 쌓인 책장을 뒤적이거나 잡동사니가 가득한 서랍 속의

오래된 필름을 찾아 재생할 수 있다. 그러나 이것이 해결책이 아니라는 건 모두가 안다. 기껏해야 현실에서 눈을 감는 일이며, 개인적이고 사소한 승리, 아주 하찮고 무익한 수행일 뿐이다.

물론 기업들은 이미 유치하기 짝이 없는 PPL의 방식을 넘어서 콘텐츠의 제작 및 기획에 직접 개입하고, 개개인 역시 자신의 콘텐츠를 통해 더 많은 투자 및 수주를 받으려 분투하고 있다. 그것이 어떤 플랫폼이나 채널이든 간에 우리가 그곳에서 발견하는 콘텐츠들은 이미 대부분이 광고들이며, 광고를 위한 것들이다. 우리가 단 한 번도 순수한 시대를 살았던 적 없다고? 하지만 지금의 현실만큼 상업주의가 광포하게 판을 치는 시대는 또 있었던가? 그러나 콘텐츠는 현대의 만성화된 상업주의가 드러나는 하나의 방식일 뿐 그것의 근본 원인이 아니다. 콘텐츠의 상업주의적 본성에 지나치게 몰두할 때 우리는 일상이 이미 자본의 논리에 젖어 있다는 사실을 간과한다. 또한 이전 시대와 작금의 상품화의 정도를 단순히 양적으로 비교하는 방식을 통해서는 어떤 탈출구도 마련할 수 없다.

새로운 현실 속에서

우리가 묻고, 관찰하고, 답해야 하는 것은 더와 덜의 문제가 아니라 '어떻게'의 문제이다. 콘텐츠의 출현은 어떻게 이루어진 것인가? 그리고 콘텐츠는 예술을, 나아가 우리의 삶을 어떻게 변화시키고 있는가?

영화가 등장했을 때 사람들은 그것이 예술인가를 물었다. 그러나 벤야민에 의하면 끝끝내 제기되지 않은, 이 물음에 선행되어야 했던 보다 중요한 물음은 그것의 "발명으로 인해 예술의 성격 전체가 바뀐 것이 아닐까 하는 물음"[2]이다.

벤야민을 따라 우리는 '콘텐츠로 인해 무엇이 바뀌었는가'를 묻는다. 모든 변화는 기술적 토대 위에서 이루어지기에, 우리는 매체적 현실을 바탕으로 콘텐츠에 대해 사유해야 할 것이다. 무한한 복제가 가능해진 기술적 조건, 카메라 및 통신 장비의 보급, 온라인 연결의 보편화, 유통망의 안정화……. 원한다면 누구나 콘텐츠를 제작할 수 있고, 누구나

2   발터 벤야민, 최성만 옮김, 『기술복제시대의 예술작품』(길, 2021), 62쪽.

시공간적 제약 없이 그것을 접할 수 있다. 기회가 충족되었고, 새로운 수만 개의 목소리들이 쏟아져 나온다. 또한 양적 변화가 질적 변화로 나타나듯 수적 증가는 질서의 변화를 수반한다. 그것은 우리가 욕망하는 방식뿐만 아니라, 세계를 지각하는 방식까지도 변화시킨다. 말하자면 콘텐츠에 관해 살펴야 하는 것은 이 새로운 매체가 가지는 특성이 무엇인가, 그리고 그것이 우리의 지각 체계에 어떤 변화를 일으키고 있는가이다.

콘텐츠와 그것의 기술적 조건이 만들어낸 변화 가운데 적어도 한 가지는 분명하다. 기존의 체계를 지탱했던 권위가 서서히 무너져 내리고 있다는 사실이다.

벤야민은 지각의 매체에서 일어나는 변화를 '아우라의 붕괴'라 진단했다. 작금의 시대에 우리는 벤야민이 그의 시대에 목격했던 것보다 더 빠른 속도로 아우라가 사라지고 있음을 안다. 권위를 위협받는 이들은 두려움에 휩싸여 콘텐츠의 세속성을 지탄한다. 하지만 사람들은 대뜸 묻는다. 우리가 만들어 낸 클립, 쇼츠, 릴스가 상품 광고로 점철된 드라마, 거대자본의 수주를 받아 제작된 영화와 무엇이 다른가? 콘텐츠는 더 이상 스스로 예술이기를 바라지 않는다. 그러나 그것은 예술작품이 닿을 수 없이 먼 곳에 있기 때문이 아니라, 근본적으로 양자 사이에 그 어떤 본성상의 차이도 없기 때문이다. 지난 세기의 예술 작품과 달리 콘텐츠는 영원 불멸의 가치를 간직하는 것이 아닌 소모적인 것이 되기를 자처하며, 즉각적이며 직접적인 전파의 과정 속에서 그 자신의 형체를 남기지 않은 채 흩어져 사라진다.

오늘날의 콘텐츠를 특징짓는 것은 얼어붙은 결정과 같은 불멸의 작품이 되고자 하는 오래된 열망이 아니다. 지난 시대와 비교하자면 형편없이 보잘것없는 욕망들이 웅성거리고 있을 뿐이다. 그 자신의 정체성조차 고민하지 않는 거칠고 난잡한 목소리가 터져 나오고 있다. 한곳이 아닌 여러 곳에서, 어떤 질서에도 따르지 않고 쏟아지는 이 목소리들은 수면에 부딪혀 산산조각 나는 가운데 예측할 수 없는 파문을 그려내는 빗방울들처럼 무수한 이야기들을 만들고 또 만들어 나갈 뿐이다. 산발적으로 튀어 오르는 만 개의 목소리들이 말하는 것은 더 이상 진리도 진실도 아닌 제각각의 서사들이다.

벤야민은 일찍이 기술복제시대의 작품 수용 방식이 '정신 분산적인' 것임을 역설했다. 현대 사회의 수용자들은 작품에 몰입하기보다는 산만한 방식으로 그것과 마주한다는 것이다. "관중은 시험관인데, 정신이 산만한 시험관이다."[3] 1936년 이 글이 쓰인 지 100년에 가까운 세월이 흐른 지금, 놀랍게도 우리는 벤야민의 이 문장 속에서 자신의 모습을 발견한다. 우리는 어떤 경의도 존중도 없이 손끝으로 이런저런 콘텐츠를 뒤적인다. 이것을 보던 중 저것을 보고, 재생 속도를 몇 배속 높이기도 하며, 지루한 부분을 건너뛰어 앞질러 가고, 또 이 따금은 동시에 두세 가지의 콘텐츠를 본다. 그러나 이렇듯 정신이 산만한 시험관에게 과연 기대를 걸수 있을까?

알 수 없는 일이다. 이미 콘텐츠는 자본의 논리에 의존해 제작되고, 사람들은 생각하기를 그만둔 채 판에 박힌 천편일률적인 이미지들을 보고 또보고 있을 뿐이다. 더군다나 문제를 어렵게 만드는 것은 누구도 그것을 보도록 강제하지 않았다는 사실이다. 우리가 콘텐츠를 보는 것은 우리가 보기를 원했기 때문이다. 콘텐츠는 정확히 계량되고 평

---

3   발터 벤야민, 최성만 옮김, 『기술복제시대의 예술작품』(길, 2021), 146쪽.

균화된 니즈를 따라 제작되며 바로 이 니즈에 의해 선택된다.

그러나 이 효율적인 셈을 통해서는 측정할 수 없는 것이 있지 않은가? 간과하지 말아야 할 것은 우리가 매순간 염증을 느낀다는 사실이다. 우리는 알고리즘에 기대어 익숙한 것들을 보고 또 본다. 바로 그와 동시에 우리는 익숙한 것을 넘어 지금과 다른 것을 회구하며, 타자로 향한다. 자야 할 때를 이미 넘긴 늦은 밤, 불면을 자처하고 채널을 돌리고 또 돌리는 가운데 우리가 느끼는 것은 도무지 우리를 떠나지 않는 지긋지긋함의 감각이다. 이 염증이 증언하는 것은 무엇인가? 교활한 계산법이 미처 헤아리지 못한 것은 우리에게 천 개의 욕망이 있다는 사실이다.

그러므로 우리가 현대의 삶에 관한 이야기를 시작해야 하는 곳은 바로 이 새로운 매체적 현실에서 결코 우리를 떠나지 않는 이 지긋지긋함, 어떤 염증으로부터이다.

참고 문헌

데카르트, 르네(Descartes, René)

『성찰·자연의 빛에 의한 진리탐구·프로그램에 대한 주석』, 이
  현복 옮김(문예출판사, 2013); F. Alquie, *Descartes: Oeu-
  vres philosophiques,* II(Paris: Garnier, 2010)(초판: 1641).

『정신지도를 위한 규칙들·방법서설』, 이현복 옮김(문예출판
  사, 1997); F. Alquie, *Descartes: Oeuvres philosophiques,*
  I(Paris: Garnier, 2010)(초판: 1637).

들뢰즈, 질(Deleuze, Gilles)

『경험주의와 주체성』, 한정헌·정유경 옮김(난장, 2012); *Empir-
  isme et subjectivité: Essai sur la nature humaine selon
  Hume*(Paris: PUF, 1993)(초판: 1953); trans. Constantin
  V. Boundas, *Empiricism and Subjectivity: an essay on
  Hume's theory of human nature*(New york: Columbia
  university press, 2001).

『들뢰즈가 만든 철학사』, 박정태 옮김(이학사, 2008); *L'ile dé-*

serte et autres textes(Paris: Les Éditions de Minuit, 2002).

『베르그송주의』, 김재인 옮김(문학과지성사, 2008); *Le Bergson-isme*(Paris: PUF, 1998)(초판: 1966).

『시네마 I: 운동-이미지』, 유진상 옮김(시각과 언어, 2008); *Ciné-ma I: L'image-movement*(Paris: Les Éditions de Minuit, 1998)(초판: 1983).

『시네마 II: 시간-이미지』, 이정하 옮김(시각과 언어, 2005); *Cinéma II: L'image-temps*(Paris: Les Éditions de Minuit, 1985)(초판: 1985).

『의미의 논리』, 이정우 옮김(한길사, 2009); *Logique du sens* (Paris: Les Éditions de Minuit, 1969).

『차이와 반복』, 김상환 옮김(민음사, 2012); *Différance et répéti-tion*(Paris: PUF, 1968).

『칸트의 비판철학』, 서동욱 옮김(민음사, 2012); *La philosophie critique de Kant*(Paris: PUF, 2004)(초판: 1963).

베르그손, 앙리(Bergson, Henri)

『물질과 기억』, 박종원 옮김(아카넷, 2013); *Matière et mémoire. Essai sur la relation du corps à l'esprit*(Paris: PUF, 1965) (초판: 1896).

『사유와 운동』, 이광래 옮김(문예출판사, 2020); *La pensée et le mouvant*(Paris: PUF, 1969)(초판: 1934).

『의식에 직접 주어진 것들에 관한 시론』, 최화 옮김(아카넷, 2013); *Essai sur les données immédiates de la con-science*(Paris: PUF, 1970)(초판: 1889).

『창조적 진화』, 황수영 옮김(아카넷, 2018); *L'évolution créatrice* (Paris: PUF, 1959)(초판: 1907).

벤야민, 발터(Benjamin, Walter)
『기술복제시대의 예술작품』, 최성만 옮김(길, 2021).

사르트르, 장폴(Sartre, Jean-Paul)
『문학이란 무엇인가』, 정명환 옮김(민음사, 2013); *Situations, II*(Paris: Gallimard, 1958)(초판: 1948).
『상상계』, 윤정임 옮김(기파랑, 2010); *L'imaginaire: Psychologie phénoménologique de l'imagination, Bibliothèque des Idées*(Paris: Gallimard, 1964)(초판: 1940).
『상상력』, 지영래 옮김(기파랑, 2010); *L'imagination*(Paris: PUF, 1989)(초판: 1936).
『실존주의는 휴머니즘이다』, 박정태 옮김(이학사, 2009); *L'existentialisme est un humanisme*(Paris: Gallimard, 1996)(초판: 1946).
『자아의 초월성』, 현대유럽사상연구회 옮김(민음사, 2017); *La transcendance de l'Ego: Esquisse d'une description phénoménologique*(Paris: Vrin, 1992)(초판: 1936).
『존재와 무』, 정소성 옮김(동서문화사, 2012); *L'être et le néant*(Paris: Gallimard, 1965)(초판: 1943).
L'Idiot de la famille(*Gustave Flaubert de 1821 à 1857*), I(Paris: Gallimard, 2017)(초판: 1971~1972).
"Une idée fondamentale de la phénoménologie de Husserl: l'intentionalité", *Situation, I*(Paris: Gallimard, 1947).

스코세이지, 마틴(Scorsege, Martin)
「펠리니와 함께 시네마의 마법이 사라지다」, 김루시아 옮김, 《르몽드디플로마티크》, 2021년 8월호(2021).

칸트, 임마누엘(Kant, Immanuel)

『순수이성비판』, 백종현 옮김(아카넷, 2009).

『실천이성비판』, 백종현 옮김(아카넷, 2009).

『판단력비판』, 백종현 옮김(아카넷, 2009).

플라톤(Plato)

『국가』, 박종현 역주(서광사, 2005).

『크라튈로스』, 김인곤·이기백 옮김(아카넷, 2021).

한병철

『사물의 소멸』, 전대호 옮김(김영사, 2022).

후설, 에드문트(Husserl, Edmund)

『순수현상학과 현상학적 철학의 이념들 1』, 이종훈 옮김(한길사, 2009).

흄, 데이비드(Hume, David)

『인간 본성에 관한 논고: 오성에 관하여』, 이준호 옮김(서광사, 2009); *A Treatise of Human Nature*(Oxford/New York: Oxford University Press, 2013)(초판: 1739).

이미지란 무엇인가

이미지 철학 탐구

1판 1쇄 펴냄 2023년 11월 17일
1판 3쇄 펴냄 2024년 7월 10일

지은이 이솔
발행인 박근섭, 박상준
펴낸곳 ㈜민음사

출판등록 1966. 5. 19. (제 16-490호)
서울특별시 강남구 도산대로1길 62(신사동)
강남출판문화센터 5층(우편번호 06027)
대표전화 02-515-2000
팩시밀리 02-515-2007
www.minumsa.com

ⓒ 이솔, 2023. Printed in Seoul, Korea

978-89-374-9213-6 04300
978-89-374-9200-6 세트